子どもの最貧国・日本

学力・心身・社会におよぶ諸影響

山野良一

光文社新書

はじめに

ケース① 〝別離〟

3歳のミヤと4歳のシンが母親にしがみついて離れない。ふたりとも人泣きしながら声にならない声で、母親がきょうだいを置いて行ってしまうことに抵抗している。6歳のシュンは、泣くのを懸命に堪《こら》えている。でも身体は、悲しさに震えていてうつむいたまま顔を上げることができない。

母親は、「子どもたちには、昨日ちゃんと説明したはずなのに」と僕に言い、「わがまま言わないで、ママだって悲しいんだよ。ちょっとの間だからがまんして。すぐ迎えに来るから」と子どもたちを説得している。でも、母親自身半泣き状態だし、子どもたちをどうやって鎮めていいのかわからず途方に暮れている。

ひとり親家庭で数年間頑張ってきた母親だが、ここ数ヵ月間、家賃を溜め込んでしまい、アパートを追い出されてしまった。母親には、頼る親族や友人もいなくて、子どもたちを児童養護施設にしばらくの間、預けることを覚悟して児童相談所に相談に来た。

ケース② 〝空腹〟

小学2年生のタクヤのおばあちゃんが、いつになく元気なさそうに電話してくる。「山野さん、給料日まであと1週間なんだけど、お金が足らなくなって困ってるの」と訴えてくる。

少し話を聞くと、食べる物もお米以外はなくなってしまったと言う。急遽、僕と保健師さんで緊急的な食糧になりそうな缶詰などを持ってタクヤの家に向かう。

おばあちゃんの話によれば、月に10万円ほどの給料と児童扶養手当などで生活してきたが、今月はじめにお金に困った友人に2万円ほど貸してしまったらしい。貸した時には何とかなると思ったが、やはりお金が尽きてしまったと言う。しかも、その友人に連絡が取れなくなっていると言う。

以前から提案していた生活保護の申請の話をもう一度持ち出すが、「また受付で嫌な思いするしね」と、数ヵ月前に、やはり生活費が不足して市役所に相談に行った時のことを持ち出して、やんわり拒否をする。

タクヤは、僕が言い出す前に「児童相談所には行かないよ。（いまの）学校に行けなくなるし、乱暴な奴がいるから」とにべもない。僕が「でも、おなか減ってないの？」と聞くと、偶然にタクヤのおなかがぐーと鳴って、タクヤはふーっと大きなため息をつく。どうも、ここ数日は朝ご飯も十分には食べられなくて、学校の給食までの数時間は本当におなかが減って仕方がなかったそうだ。いつもは、楽天的なタクヤだが、今日はどこか疲れが見える。

ケース③〝暑さと心臓病〟

アメリカ・セントルイスの夏は異常に暑い。日中は気温40度を超し、湿気もあるので、うだるような毎日だ。

子ども病院のソーシャルワーカーから州の集中ホットラインに電話が入る。心臓に疾患のある、12歳のアフリカ系アメリカ人のデマルコのことについてだ。デマルコの心臓の状態は、入院を要するほどのものではないが、この夏の暑さにもかかわらず、デマルコの家にはエアコンがない。その年の夏の暑さは異常で、暑さがこれ以上続くとデマルコの心臓にも影響が出かねないと言う。

先日の受診でデマルコの家にエアコンがないことがわかって以来、病院のソーシャルワーカーも数日間はいろいろな福祉機関などに電話をして、エアコンの貸与などができないか照会してきたが、現在のところ見つからないために電話をしてきたのだ。

インターンである僕が担当となって、病院のソーシャルワーカーと電話でデマルコのことについて情報を得るのと並行して、家庭訪問をしてデマルコや彼のお母さんに会ってきた。デマルコの家は、セントルイスのダウンタウンの荒廃した地域の一角にある。この地域には貧困なアフリカ系アメリカ人とヒスパニック系だけが住む(白人はいない)。

デマルコは、お母さんと弟と一緒に住んでいる。お母さんは、本当にデマルコのことを心配して、何とか彼の心臓が治ることを毎日祈っている。エアコンを彼のためにも買ってあげたいのだが、月収千数百ドル程度の収入ではとてもエアコンは買えないことを訴える。お母さんは、昼間デマルコが独りで過ごす(夏休み中であった)時間に何か起きないか仕事中も心配でならないと言う。

デマルコのアパートは、日が射して部屋内部の温度が上がらないように、カーテンで窓を覆い隠しているためか日中なのにとても暗い。心臓疾患にもかかわらず、肥満気味のデマルコはソファで横になっているがうっすら汗をかいている。

私は、現在ある児童相談所で、児童福祉司（ソーシャルソーカー）として働いています。児童相談所での仕事はもう15年以上になります。また、ここ数年間は日本を離れ、アメリカ・セントルイスにあるワシントン大学の大学院で社会福祉を学び、並行して週に数日間は、日本の児童相談所にあたる児童保護局や、スラム地域の学童保育所などでインターン（実習）をしてきました。

日本の児童相談所やアメリカの児童保護局などで働くソーシャルワーカーであれば、細かな違いはありながら、冒頭のような家族や子どもたちのことは誰もが心当たりがあり、とくに珍しい事例ではないと思うでしょう。また、日頃、子どもたちと接する機会の多い仕事やボランティアに従事している人たちは、日本でも最近こうした子どもたちや家族の数が増えてきたように感じているかもしれません。マスコミでも、給食費の滞納問題や就学費援助を利用する子どもの数が急増していることが報じられて、生活に困窮する家族が増えていることが少しずつ日本でも認識され始めています。

あまり知られていないデータですが、ユニセフ・イノセント・リサーチセンターが05年に発表したレポートによれば、00年の時点で、貧困状況にある日本の子どもは、子どもたち全体の14・3％に達し、先進国26ヵ国中、10番目に子どもの貧困率の高い国になっています。アメリカは、メキシコについで2位（21・9％）に位置します。

さらに、90年代を通じて、日本は、子どもの貧困率を2・3％増やし、逆にアメリカは、2・4％減らしています。00年以降の日本の経済状況や非正規雇用労働者の増加を考慮に入れると、日本もアメリカと同様に、先進国のなかで最も「豊かな」国だが、同時に最も「貧困」な国になろうとしているのかもしれません。この本のタイトルも、そうした現状に警鐘を鳴らすためにつけました。

私は、この本で子どもたちの貧困の問題について議論をしようと思っています。冒頭に描いた子どもたちや家族に共通して見えてくるひとつの要素は、貧困というものです。

貧困を定義するのは、少々複雑で難しいことです。しかし、取りあえず、日本の憲法第25条にもある「健康で文化的な最低限度の生活」を維持するために必要な、食糧や住居、衣類などの生活資源や収入に欠ける状態と貧困を定義してみましょう。

すると、冒頭の住む場所を失くしたミヤたちきょうだいも、その日の食べる物にも困ったタクヤも、心臓疾患を抱えているのにもかかわらず40度の気温のなかでエアコンのない生活をしなければならないデマルコも、貧困な状態に置かれ生活に困っていたために、私のような児童福祉司やソーシャルワーカーと出会うことになったと言えるでしょう。

この本は、そうした貧困な子どもたちと家族のことについて描いたものです。とくに、この本の一番の関心は、貧困がどんな影響を、またどのようにして、子どもたちや家族に影響を与えるかというテーマです。

日本の貧困問題についての第一人者である岩田正美氏（『現代の貧困――ワーキングプア／ホームレス／生活保護』ちくま新書）が言うように、「貧困は貧困だけで終わらない」のです。貧困は、貧困状況のなかで暮らす子どもたちや家族のさまざまな生活の側面に影響し、さまざまな問題を生じさせる可能性を持ちます。とくに、子どもたちはその成長の可能性の裏返しとして、身体やメンタルな面に脆弱《ぜいじゃく》さを抱えており、大人以上に影響を受けてしまう存在だと言えるでしょう。

さらに言えば、こうした子どもたちが今後増加していくことが、社会にどのような影響を与えるのかを問うことも必要です。こうした子どもたちは、成長し大人になっていきます。

いずれは経済社会を支える存在になります。いまは、単にミヤたちの、タクヤの、デマルコの個人的な問題とだけ見えているものが、子どもたちへの貧困の影響というメカニズムを介することで、社会のさまざまな問題へと発展する可能性があります。

もっと重要なことは、貧困は自然によって、神によって作られたものではないということです。一見、貧困な子どもたちや彼らの家族内部の問題と思えるものも、実は現代日本やアメリカ社会が抱える大きな社会経済的問題、政治的な問題、社会資源の寡少さと、直接的、間接的につながっています。

冒頭の子どもたちのエピソードを読まれた方も、なぜ、彼らや彼らの家族は、経済的に立ち行かないのだろうと疑問を感じているでしょう。その後、児童相談所や児童保護局を中心とした行政機関は、子どもたちや家族に対してどのような社会資源を提供しうるのだろうと考えた方もいるでしょう。

貧困の子どもへの影響を考える時に、こうしたマクロ的な側面の考察を逃れることはできないでしょう。その点は、本書でも折に触れ言及しています。

とくに、現在のわが国の政府は、子どもたちの貧困問題にまったく関心を示さず、その問題自体を放置しているとさえ言えるでしょう。この本でも指摘しているように、それは世界的に見れば例外中の例外なのかもしれません。

いや、政府の無関心ぶりの前に、私たち自身が子どもたちの貧困問題をどのように捉えてきたかを問う必要があるのです。ミヤとシン、シュン、タクヤ、そしてデマルコのような子どもたちの存在や、ユニセフのレポートが示すわが国の状況が等閑視《とうかんし》されてきたのは、実は社会や子どもたちの問題に対する私たちの見方に、何か欠けるものがあった故かもしれないのです。


貧困という視点を軸に、いま子どもたちの周りでさまざまに起きていることを振り返ってみると、少し異なる見え方が表れてくるかもしれません。私は、そのひとつの例が、私が現在の仕事のなかで取り扱うことの多い児童虐待問題だと思っています。この本のなかでも、児童虐待問題と子どもたちの貧困問題の関連性について繰り返し触れています。

こうした考察を深めていくために、日本やアメリカでの私個人の経験だけでなく、同時に、いくつかのアメリカを中心とした（日本ではなく）海外の貧困に関する理論やデータ研究に依拠していこうと思っています。単に、倫理的に子どもの貧困は許せないと声を上げるだけでは、多くの人を説得することは難しいと私は考えています。冷静にデータを収集・分析し、対立する理論をきちんと整理することが、たとえそれが迂遠《うえん》な方法に思えようとも、子どもの貧困問題の解決につながる道だと思います。

前段で、(日本ではなく)とあえてかぎ括弧で付け加えたのには理由があります。岩田氏も言うように、日本では貧困問題そのものが、高度成長期以降、学問的にも社会的にもほとんど語られなくなっています。ましてや子どもの貧困に関する研究などは、ごくごく一部の研究者が関心を寄せていたのに過ぎません。

学問的に言えば、こうした日本の「空白」期間を埋めるために、アメリカを中心とした海外での理論や研究を概観することは、日本の子どもの貧困研究のバックボーンを増強するためにも必要なことだと思います。

最後に、この本のなかには少し具体的なケースのことが書かれてあります。しかし、書かれている事例が、そのままに存在したわけではありません。もちろん、私が仕事やインターンで経験したことが一部土台になっていますが、かなりの程度の手を加え再構成しています。みなさんに、経済的な困難を抱えている家族のことなどを理解していただくために、私が創作したものです。ご理解いただければと思います。

目次

Ⅰ　概論

児童虐待と貧困
日本における児童虐待と貧困の関連性
家族が抱える語りきれない苦労
アメリカの教訓と私の渡米理由
次章への課題

4章　脳・身体・こころへの影響

ハワイ・カウアイ島での研究
身体的影響
問題が問題を生む貧困という正体

ケース⑤　〝頑張って赤ちゃん育てるから〟

ケース⑥　〝涙を流して喜んだのに〟

ドラッグベビーと貧困問題
乳幼児の脳の発達と貧困問題
知的な発達への影響

6章 生活保護と児童養護施設はいま?

図版作成／デマンド
写真撮影／著者

Ⅰ 概論

1章　貧困化の著しい日本の子どもたち

まず、この章では、子どもたちの貧困が、日本やアメリカでどれほどの広がりを見せているのかを概観していきたいと思います。それにあたっては、先に取り上げたユニセフ・イノセント・リサーチセンターのレポート（以下、「ユニセフレポート」と呼ぶ）やOECD（経済協力開発機構）が発表しているデータを見ていくことで、国際比較の視点から日本やアメリカの子どもたちの貧困の現状を垣間見ておきたいと思います。

ユニセフレポートやOECDのデータでは、相対的貧困の概念に基づいて各国の子どもたちの貧困状況を把握しています。

つまり、子どもの属する世帯の所得から税金や社会保険料などを引き、児童手当などの政府からの公的な援助を加えることで世帯の可処分所得というものを求めます。この可処分所得のままでは、世帯の構成や人数の規模は調整されていません。

そうしたものを調整した、世帯ごとの個人単位の所得を低い方から高い方に並べ、そのちょうど真ん中の世帯の所得（統計学で言う「中央値」）の50％を貧困ラインと定めています。ちょっと複雑に見えますが、要は、ユニセフレポートなどではすでに税金などの所得の再分配施策の結果を含んでおり、世帯の人数等は調整されていることと、それらの後の中央値の半分を貧困ラインにしていることを押さえておけばよいと思います。

ちなみに、ＯＥＣＤのデータが採用している日本の貧困ラインでは、親子２人世帯では可処分所得で年収１９５万円、親２人子１人世帯では２３９万円、親２人子２人世帯では２７６万円です。みなさんの経済感覚では、この額はどのように映るでしょうか。低いと思われる方も多いかもしれません。

子ども貧困リーグ

ユニセフレポートは、冒頭で「子ども貧困リーグ」（"The Child Poverty League"）と題する図をかかげて、ＯＥＣＤ26ヵ国の貧困率を国際比較しています（図１―１）。この図のデータは、ほとんど99年から01年にかけてのものです。ちなみに、日本もアメリカも00年の

図1-1　子ども貧困リーグ(OECD26ヵ国)

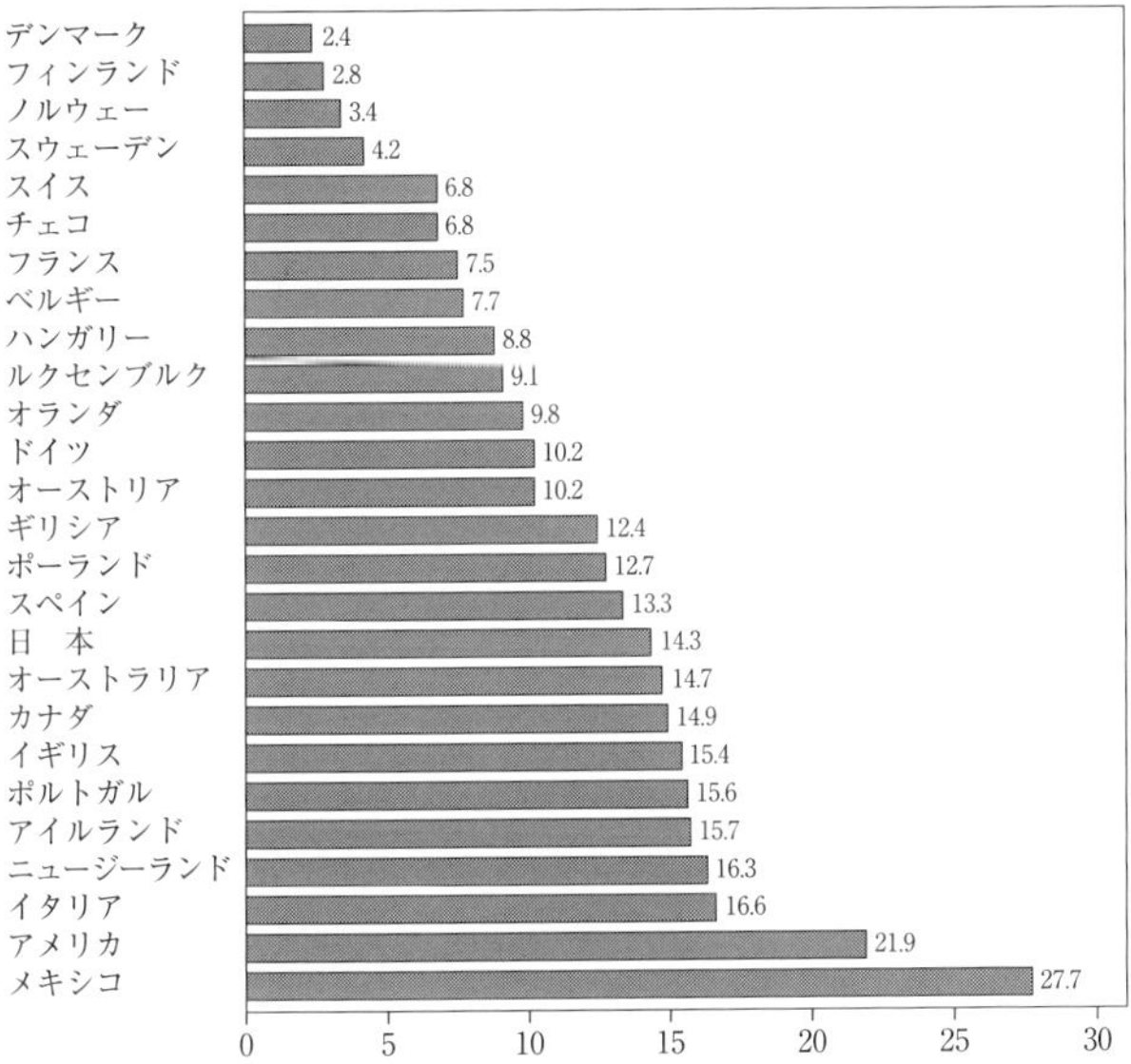

出所) UNICEF(2005), "A Child Poverty in Rich Countries 2005".

ものです。

また、アメリカを含め多くの国のデータは、ルクセンブルク所得研究のデータを使ったものですが、残念ながら日本はこの研究に参加していません。『日本の貧困研究』の著者・橘《たちばな》木《き》俊詔《としあき》氏の指摘によれば、日本はこのルクセンブルク所得研究への参加を繰り返し呼びかけられているのに断り続けているようです。この研究に参加すると、相対的貧困率だけでなく絶対的貧困率なども比較できるのに、とても残念です。

この図で、最初にみなさんの目

が行くのはやはり日本の位置でしょう。

本書の冒頭で述べたように、子どもの貧困について、日本は00年の時点でもうすでにかなり高い国に位置しています。26ヵ国のうち10番目の高さです。その後の非正規労働者数の増大などを考慮に入れると、さらに貧困率が高くなっている可能性はあると思います。

図全体に目を移すと、国によって子どもの貧困率にはかなりの差が見られるということがわかります。

まずは、貧困率が最も低いデンマーク（2・4％）やフィンランド（2・8％）の数字の低さを指摘することができます。わずか、3％以下でしかないです。繰り返しになりますが、この数字は相対的な貧困率であって、各国全体の世帯のなかで世帯所得が中央値の半分以下の世帯の割合を示すものです。その数字が3％にも満たないというのは、その数字がやはり5％に満たないノルウェー（3・4％）とスウェーデン（4・2％）の両国を合わせ、どんな社会のしくみのなかで、こうした数字を達成できているのだろうと驚きを禁じえません。

この点は、この章のなかでまた少し触れます。

豊かさと貧しさが同居する国・アメリカ

逆に、貧困率の高いアメリカ（21・9％）やメキシコ（27・7％）は、他の国がすべて17％以下（第3位のイタリアですら16・6％）であることを考慮に入れると、異常に高い数字と言えるでしょう。

まだ中進国とも言えるメキシコは別にしても、とくにアメリカはGDP（国内総生産）世界一を誇る国です。そうした世界中の富を集めた豊かな国において、5人に1人以上の子どもが貧困状況に置かれているアメリカ社会のゆがみを、他の国との比較からも指摘できます。

日本の児童相談所でソーシャルワーカーとして働き、貧困な子どもたちや家族と日々接し、貧困という実態に多少とも免疫のある私にとっても、アメリカ社会のこうした豊かさと貧しさが同居する様相は、驚きの連続でした。住居ひとつをとっても日本以上に、豊かな家族と貧しい家族では格差が顕著に見られます。

豊かな人たちは、お城のような邸宅や、ゲーテッド・コミュニティ（地域全体をフェンスや壁で囲み、不審者が侵入することを防ぐ町）などに住んでいます。貧しい家族は、壊れかけた家やキャンプ場でトレーラーを家代わりにして定住するケースも多いのです。インターンとして家庭訪問をし、家のなかを見せてもらうと、物置のようにがらんとしたなかで数人が寄り添いあうようにして暮らしている家族や、割れた窓ガラスにベニヤを張って雨露を凌《しの》いでいる家族に日常的に出会います。幼い子どもを連れたホームレスの家族に会ったことも数回ありました。

さらに、深刻なのは、豊かな人たちと貧しい人たちは多くの大都市では同じ地域で共存していないということです。こうした分離（セグレゲーション）の世界では、豊かな人と貧しい人たちは、日々ほとんど接することなく生活しています。住む地域が違うだけでなく、買い物に行くスーパーも異なり、子どもたちの学校も異なります。話す言語ですらも、同じアメリカン英語なのに相当に違いが見られます（2章でも、再度触れます）。

ユニセフレポートの意味するもの

ユニセフレポートに話を戻すと、以上のように子どもの貧困率に各国でかなりの差があることが最も重要な点である、と指摘されています。しかし、それはアメリカやメキシコの貧困率がデンマークなどと比べ、あまりにひどいことを言い表したいのではないようです。

ユニセフレポートによれば、こうした貧困率の差異が意味するのは、各国の社会政策のあり方と子どもの貧困率は大いに関連性があるということです。つまり、国や政府の社会政策によって、子どもの貧困率を下げることは可能なのです。各国間の差こそ、子どもの貧困率の改善の可能性を示すものだとユニセフレポートは強調します。

さらに、この図を見てお気づきになった方もいらっしゃるかもしれませんが、実は26ヵ国の地域間の違いを、この「子ども貧困リーグ」が映している点はとてもユニークだと思われます。

貧困率の最も低いのは、先にも述べたとおり北欧4ヵ国です。次のグループは、フランス・ドイツなどすべてEUに加盟する9ヵ国（スイスは未加盟）で、ほぼ5％から10％前後の子どもの貧困率です。3番目のグループは日本（14・3％）も含んだ11ヵ国で、イタリア、スペインなど南欧の国々（4ヵ国）、ニュージーランド、カナダなど非ヨーロッパの国々からなります。4番目が、アメリカとメキシコです。こうした地域間の差については、ユニセフレポートは目立ったコメントを残していませんが、EUの動きやイギリスなどのいくつかの国の現況については記載があり、私も最後の章で少し述べたいと思います。

日本は、00年の時点でも、子どもの貧困率はかなり高くなっていました。私が、さらに気になってならないのは、国としての、政府としての、また私たち市民としての、子どもたちの貧困に対する関心の低さです。私の仕事や政府の動きを見ても、これまでこの問題にきちんと向き合ってきたようには思えません。この本を読んでいただくことで、そうした姿勢について少しでも振り返っていただければうれしいと思っています。

子どもの貧困率の上昇著しい日本

図1―2は、OECDのデータを使った、(1)80年代中ごろから90年代中ごろと、(2)90年代中ごろから00年までの、主要な10ヵ国の子どもの貧困率の変動を示すものです。

子どもの貧困率は、世界的に見ると徐々に下がっていると一般的には思われているかもしれません。しかし、図1―2はそれが間違った認識であることを示しています。

OECD平均で見ても、(1)と(2)の両方の時期でずっと貧困率が上昇しています。また、上昇率もけっして低い数字ではありません。(1)の時期に上昇を示したのは、この図に表していない国も含めて、データの使用可能な20ヵ国中12ヵ国でした。また、(2)の時期では、25ヵ国中なんと16ヵ国で子どもの貧困率は増加していました。

子どもの貧困問題は、けっして発展途上国の問題だけではありません。多くの先進国間においても、ここ20年の間に子どもの貧困率が上昇していることは、欧米では既知の事実です。こうした認識のもとにEU諸国やアメリカなどでは、その対策に政府がさまざまな取り組み

図1-2　子どもの貧困率の推移（主要OECD10ヶ国およびOECD全体の平均）

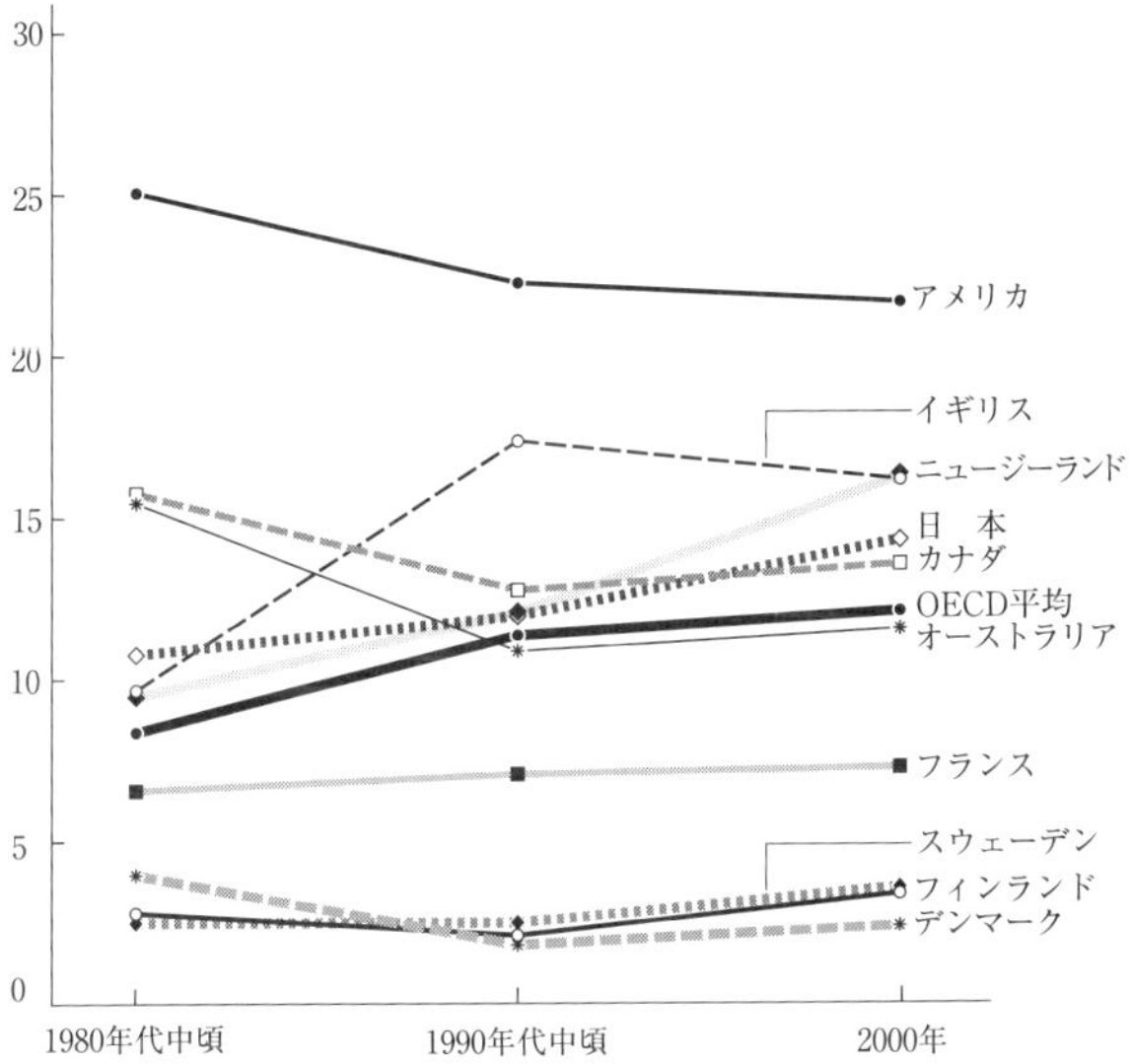

出所）OECD（2005），“Society at Glance” より作成

をしています。何の対策も取られないどころか、政府がまったくその存在さえ認めようとしていないのは、先進国のなかでは日本だけかもしれません。

ＯＥＣＤ各国のすべてのデータをここではお見せしていないのですが、(1)と(2)の両方の時期に子どもの貧困率を上昇させているのは、実は日本とニュージーランドだけなのです。日本では、(1)の時期に1・2％、(2)の時期に2・3％、子どもの貧困率を上昇させています。(1)と(2)の時期を合わせると、合計4・2％も上昇しています。

90年代後半からの子どもの貧困率の上昇は、非正規雇用やワーキング・プアなどの増加や、経済不況の問題と無関係ではないでしょう。実際、子どもの貧困率とその国全体の貧困率とは密接な相関関係が見られることもわかっています。

児童相談所で出会う困窮状況の家族たち

こうした貧困化の進展は、私が児童福祉司として働くなかで感じていることと重なります。日々の業務のなかで、真面目に働いても生活するのにやっとの収入しか得られず、長時間労働に従事せざるをえない親御さんや、生活が行き詰まり、立ち行かなくなっている家族に出会う機会が増えていることを感じています。

私は、できる限り親御さんの仕事や賃金などの生活状況も聞かせてもらうようにしているのですが、親御さんの話をうかがううちに、驚いたり唖然《あぜん》としたり、もし自分がそうした状況に置かれたら、どんな解決方法があるだろうかと暗然とした気持ちになる機会が増えてきました。

友人に暴力をふるったことで、児童相談所に通うことになった母子家庭の中学男子のお母さんは、ふたつの仕事を掛け持ちでやっていました。ふたつの仕事は、ともに非正規雇用の形ですが、時給計算するとほとんど最低賃金ぎりぎりの状況でした。以前、生活費を補うために借りたローンを返済しているために、ふたつの仕事の賃金を合わせても、生活はかなり厳しい状況です。月に1日か2日の休みしか取れずにいるのですが、そうした休みを使って児童相談所に通ってくれました。深夜まで働いている母親の帰りを毎日待ちわびている彼ですが、淋しさから非行的な友人との関係をなかなか断ち切ることができません。

数ヵ月間、孫たち3人の面倒を見ていたある祖母を家庭訪問してびっくりしたのは、生活費は財布に1000円余りしか残っておらず、ビニール袋に穴を開けて、1歳の子のオムツ代わりにしていたことです。当然、彼のお尻はオムツかぶれでひどい状態でした。多額の借金を作った孫たちの父母が、数ヵ月前に孫たちを祖母宅に置き去りにしたことから問題が生じたのですが、この祖母は地域の民生委員さんを通じて、生活保護の相談をしていたにもかかわらず、持ち家に住んでいることを理由に生活保護を申請することはできませんでした。(注)

ある児童養護施設に入所している母子家庭の子どもの引き取りに向けて、親御さんと話し合いを重ねるなかで、母親の仕事の状況が見えてきました。母親は小さな弁当屋さんで働いていますが、休みは日曜日のみです。夏休みや冬休みも3日ほどしか取れません。この児童養護施設は、母親が住む市からは離れたところにあるために、親子の交流を深めることが物理的に難しいのです。母親には、かつて精神的に不安定な状況があり、虐待的な親子関係が見られました。母親の精神状況は、ようやく回復期を迎えたのですが、母親の現在の就労状態が、親子の関係を修復していく上での障壁になっているのです。児童養護施設は、どこも満床状況で、母親の住む市の近くの施設に子どもを移すことも不可能です。

小学生が近隣の家に入り込んで物を盗ったり、幼児が下着姿で近隣を歩いていたりしたために、ネグレクトの通報をされた父子家庭の親御さんに生活状況を聞く機会がありました。父親は電気工事会社に勤めていましたが、仕事の関係で早朝から家を空けることや夜帰宅が遅くなってしまうこともあるようです。そうした時に、中学生の姉が2人の面倒を見ているのですが、どうしても放置的にならざるをえません。父親は、電気工事の資格や自動車の運転免許を取るために会社に借金をしており、簡単に仕事を変えることはできません。父親は、「食うためには」どうしても現状の生活形態で行くしかないと訴えます。

高度成長期やバブル期と違い、90年代後半以降にこうした経済的困窮状況に置かれた多くの家族は、将来的な前向きの展望も見えず、家族外に経済的サポートができる親族なども存在しません。こうしたことからか、言葉に表現することの難しい、どんよりとした不安感や悲観が家庭内にただよっていることを家庭訪問の折に感じることも多いのです。

この本の3章以降でも触れるように、そうした家庭内の不安感や行き詰まり感は、親子関係などの家庭内の人間関係に大きな影響を与えがちです。そうした家庭内の雰囲気や人間関係のあり方が、子どもたちのさまざまな問題（たとえば、非行や登校拒否）として現れていることも多く見られるようになってきました。

社会の「目」と「声」

さて、00年の時点で、日本では14・3％の子どもたち（7人に1人の子どもたち）が、貧困状況に置かれていましたが、90年代中ごろでも約8人に1人、80年代中ごろでも約10人に1人の子どもたちが貧困状況にあったということも、これらの統計からは見えてきます。

00年だけでなく80年代や90年代の数字も、けっして小さなものではありません。私たちの認識では、日本は世界的に見れば平等な国であり、大部分の子どもたちも経済的には貧困などを経験せずに暮らしていける状態になったと、少なくとも80年代以降は感じていたはずです。

もちろん、日本が高度成長期を迎え、親の絶対的な所得は増えていきました。しかし、それにともなって、子どもたちが暮らす家庭の相対的な経済階層は平等化していたのでしょうか？　そうした相対的な貧困の問題は、子どもたちに影響を与えないほどのものだったのでしょうか？

子どもをめぐる社会階層や貧困の問題は、バブル崩壊以前にもなかったわけではないのです。あったにもかかわらず、私たちが関心を寄せていなかっただけなのかもしれないのです。「はじめに」でも紹介した岩田氏は、貧困がどのように社会で問題とされるかは、「貧困問題を社会の責務として進んで引き受けようとする社会の成熟度の違い」と言い、社会的に「あってはならない」とされる「貧困の大きさは、社会それ自体の経済的な豊かさとは関係がない。むしろ貧困を『再発見』していく『目』や『声』の大きさとかかわっている」とします。

日本では、子どもの貧困をめぐる問題は、長い間まったく語られなくなっています。厚生労働省も、65年以降、貧困に関わる公的な測定そのもの（子どもの貧困に関わるものを含めて）をやめており、現代に至っても子どもたちの貧困問題を真剣に受け止めようとはしていません。

これは、厚生労働省の責任だけではないでしょう。私たち自身の「目」や「声」の問題でもあると思います。繰り返しになりますが、この本はそうした子どもたちの貧困問題に対する「目」や「声」を研ぎ澄ますために書かれたものです。そうした「目」や「声」を研ぎ澄ますために、貧困が子どもたちや家族にどのような影響を与えているか考えてみたいと思います。

ひるがえって、アメリカは、岩田氏が言うところの、貧困を「しつこく再発見」してきた国のひとつです。64年に当時のジョンソン大統領が宣言した「貧困との戦い」以降、子どもの貧困に対してもさまざまな施策を実行してきました。たしかに、レーガンやブッシュ政権による公的なサービスの極端な民営化などで、子どもの貧困率は上昇を示したりしていますが、子どもの貧困に関わる議論は、政治家の大きな関心事のひとつですし、全米各地に、また全国規模の子どもの貧困問題に取り組む非営利団体が存在し、広報活動をしたり政府の動きを監視したりしています。

日本のひとり親家庭の貧困率は主要先進国No.1

ところで、ひとり親家庭の問題が、子どもの貧困問題に密接に関わっていることは、多くの研究が指摘することです。

次ページの**図1―3**は、OECDの主要な11ヵ国（トルコを含む）および24ヵ国平均の、

図1-3　ひとり親家庭の貧困率（主要OECD11ヵ国およびOECD全体の平均）

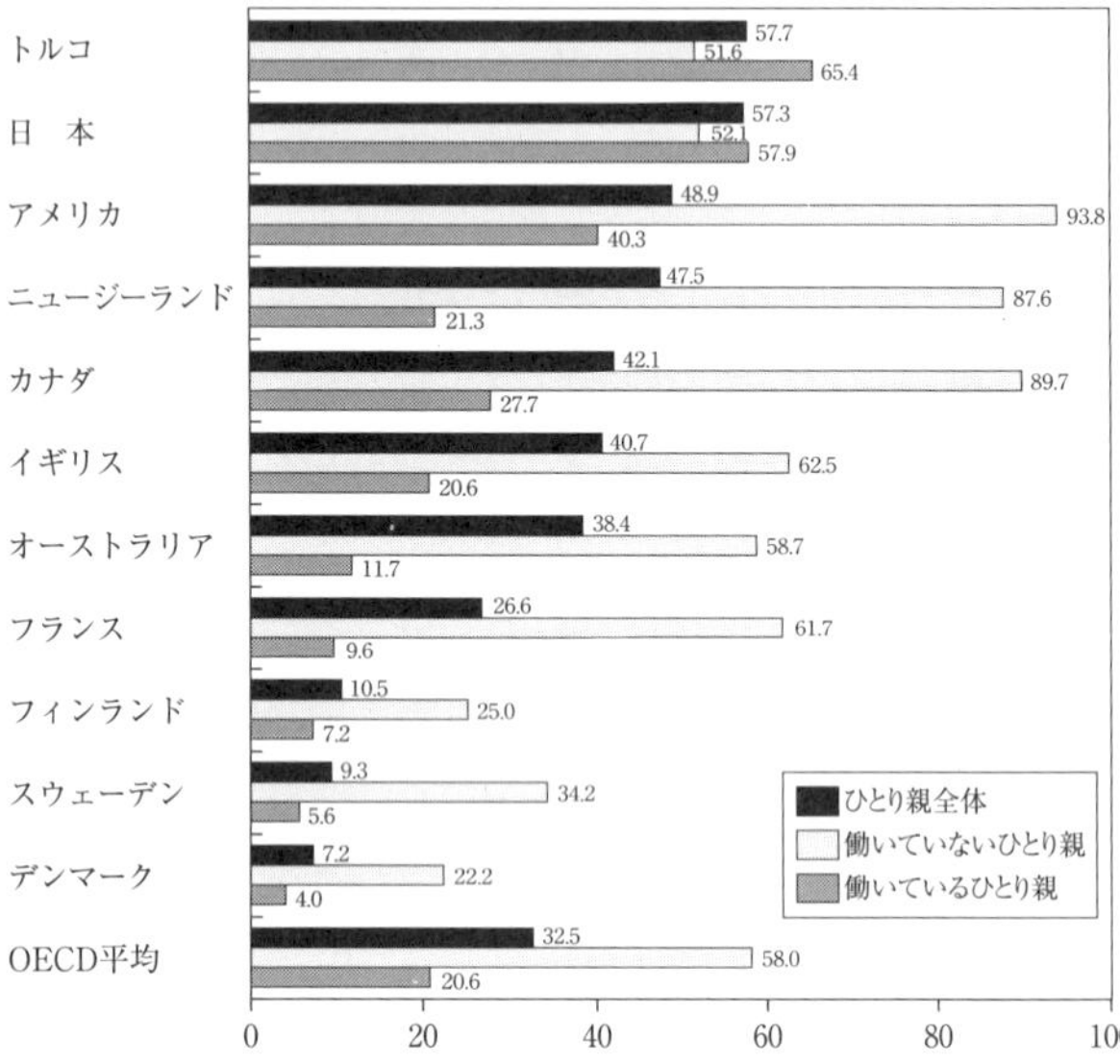

出所）OECD（2005），"Society at Glance" より作成

ひとり親家庭全体、ひとり親家庭のうち親が働いている世帯（以下「働くひとり親家庭」）、ひとり親家庭だが親が働いていない世帯（以下「働いていないひとり親家庭」）の貧困率を表しています。

図から目立つのは、日本のひとり親家庭の貧困率の高さです。主要な先進国のなかではひときわ高い第1位の貧困率を示しています。OECD全体でもトルコに次いで第2位です。

また、図には示していませんが、OECDのどの国でも、ひとり親家庭はふたり親家庭に比べて貧困率が高くなっています。ＯＥＣＤ平均で見ても、ふたり親家庭に比べ、ひとり親家庭は約3・8倍も貧困率が高いのです。しかし、日本の場合は5倍以上の差となり高レベルの格差です。

働くことが貧困から抜け出すチャンス

一方、「働くひとり親家庭」と「働いていないひとり親家庭」の差を見てみましょう。

ＯＥＣＤ全体で見ると、そこにかなりの差があることがわかります。ＯＥＣＤ平均で、前者は20・6％なのに、後者は58％にもなってしまいます。ひとり親家庭での親の就労は、子どもたちが貧困から抜け出すことに大いに貢献しています。

アメリカもそうした例のひとつです。「働いていないひとり親家庭」では、なんと90％を超える家庭が貧困状況にありますが、「働くひとり親家庭」の貧困率は40・3％に下がっています。

社会福祉サービスを利用する、仕事に従事していないひとり親たちのことをめぐっては、アメリカでは国を二分するほどの議論が行われてきた歴史があります。実際、90年代のアメリカ福祉改革は、ひとり親家庭にもかかわらず働いていなかった親たちにターゲットを絞ったものでした。

当時、こうした親たち（多くは母親）は福祉（ウェルフェア）に依存し、働くインセンティブ（意欲）をなくしていると非難され、「ウェルフェア・クイーン」とか「ウェルフェア・マザー」と揶揄《やゆ》されるほどでした。「福祉から労働へ」というコンセプトで始められたアメリカ福祉改革は、たしかにこうしたシングルマザーたちを労働市場に取り入れることには成功しました。90年代にアメリカが子どもの貧困率を下げた要因のひとつは、労働に従事するシングルマザーたちの増加でしょう。

「働けど楽にならざる」――日本のひとり親家庭

この点について、日本はトルコとともにＯＥＣＤのなかで例外の国です。図からもわかるとおり、他の先進国と違い「働くひとり親家庭」と「働いていないひとり親家庭」の貧困率が日本では逆転しています。つまり、日本ではひとり親家庭で当該ひとり親が働いている世帯の方が、そうでない世帯（つまりそのひとり親が働いていない世帯）より貧困率が高いのです。非常に、奇妙な現象が起きていることになります。

『日本の貧困――家計とジェンダーからの考察』の著者である室住眞麻子氏が示すように、

実は、日本のひとり親たちは他の国のひとり親たちに比べて、仕事に従事している割合が非常に高いことがこれまで繰り返し指摘されてきています。

日本では、ひとり親家庭のなかで母子世帯に限っても83％もの親たちが就労しています。この就労率の高さは、たとえば、イギリス（約40％）、イタリア（約70％）、アメリカ（約70％）と比べても高く、スウェーデンと同様の率を示しています。

しかし、スウェーデンにおいては3分の2強が正規雇用で働いているにもかかわらず、日本では「平成15年全国母子世帯等調査」が示すように、正規雇用は40％以下でしかなく、多くのひとり親家庭の母親が非正規雇用者としてワーキング・プアの状態にいるのです。こうしたことで、日本のひとり親家庭の年間の就労収入は166万円に過ぎません。

つまり、日本のひとり親家庭の親御さんたちは、生活状況を改善しようと頑張って仕事に従事しているにもかかわらず、「働けどわが暮らし楽にならざる」的な奇妙な状況にあると言えるわけです。そのことが、主要先進国のなかでは、並外れたひとり親家庭の貧困率の高さをもたらしているのです。

さらに蛇足なのですが、世界的に見て日本の貧困家庭の親御さんは、ひとり親だけでなくみなさんよく働いています。『ＯＥＣＤ日本経済白書』によれば、子どもを持つ貧困家庭の

98％では、親御さんが労働に従事しているのです。ＯＥＣＤ全体の平均では、この数字は68％にしかなりません。にもかかわらず、日本の子どもの貧困率は高いのです。なぜでしょうか。

社会保障と子どもたちの貧困

さて、ユニセフレポートの最後のパートは、各国の社会支出のあり方がどのように子どもたちの貧困と関連しているかを検討することに費やされています。しかし、先に述べたように、日本がルクセンブルク所得研究に参加していないために、日本のデータは掲載されず分析もされていません。非常に残念です。『ＯＥＣＤ日本経済白書』のデータとユニセフレポートのデータをもとに**図１—４**を作成しました。

政府は、市場経済のなかで家族が働いて得た所得（市場所得）に対して、税金や社会保険料を課し、子どもに関する政府からの手当などを給付します。この政府による介入前後で、貧困率がどう変化するかによって、政府の介入が子どもの貧困率にどのような影響を与えているかを見ることができます。この方法はさまざまな研究で使われています。

図のＯＥＣＤの主要な11ヵ国（スイスを含む）の左の棒グラフが、政府が介入する前の市

図1-4　政府の所得移転の効果（主要OECD11ヶ国およびOECD全体の平均）

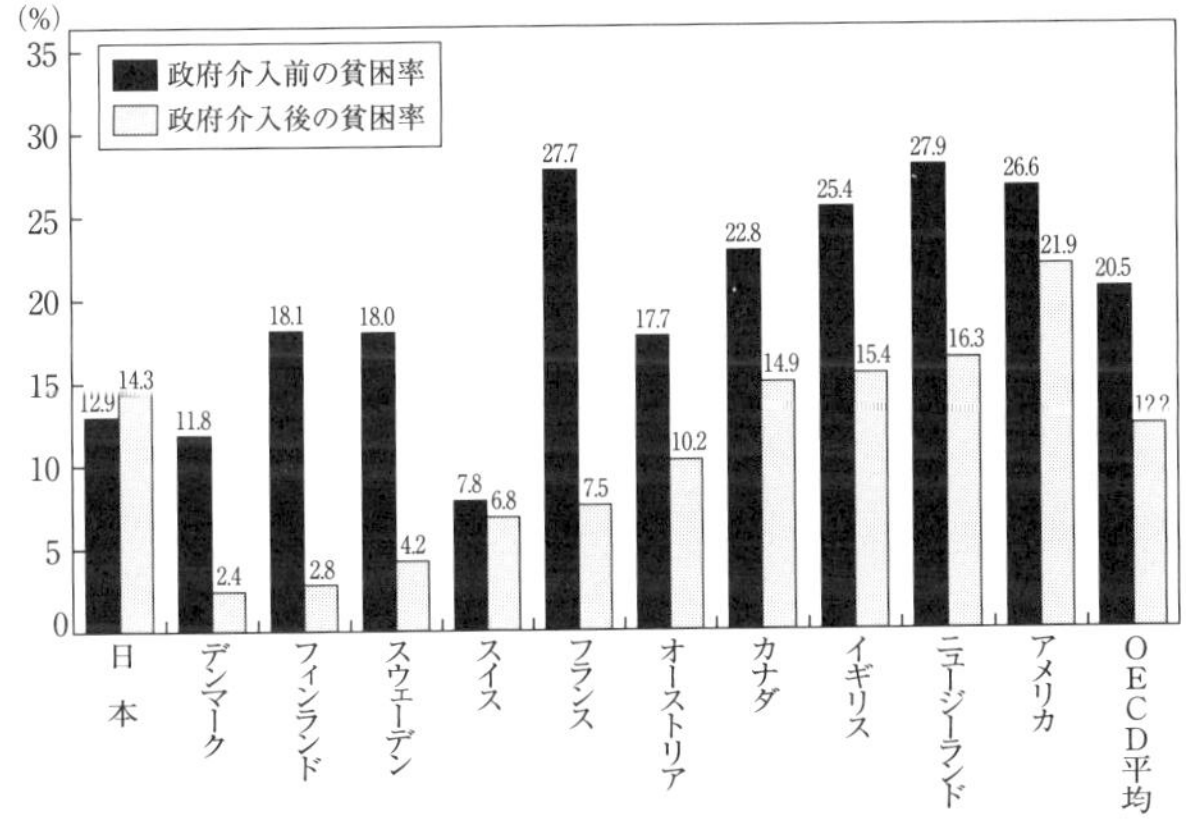

出所）UNICEF(2005), "A Child Poverty in Rich Countries 2005"および「OECD日本経済白書2007」中央経済社、2007年より作成

場所得による子どもの貧困率（ここでは「介入前の貧困率」と呼びます）です。また、右の棒グラフは政府の介入後の貧困率（実は、これがここまで議論してきた本来の意味の子どもの貧困率ですが、ここでは「介入後の貧困率」と呼びます）です。

図全般からわかるのは、税金と所得保障による政府の介入は子どもの貧困率をかなりの程度下げることに成功しているということです。

つまり、各国の政府の介入は貧困状況にさらされる危険から多くの子どもたちを救っています。平均で見ても、「介入前の貧困率」の60％程度に「介入後の貧困率」を押し下げることに成功しています。とくに、北欧の国々の「介入後の貧困率」は、大部分が政府の介入によってもたらされていることがわかります。

逆に、北欧の国々でさえ、「介入前の貧困率」は他の国々のそれとさほど変わらない数字を示しています。たとえば、スウェーデンとフィンランドの「介入前の貧困率」は、日本の貧困率を大きく超えていることがわかります。

北欧諸国が子どもの貧困率を低く抑えられているのは、こうした政府の介入による福祉の充実が大きな要素であることは確かですが、それを支える人々の平等意識や連帯感の強さもよく指摘されることです。国の人口規模が1000万人以下というのも、国全体がまとまりやすいのかもしれません。

さらには、本章冒頭の貧困リーグ（図1―1）で貧困率（つまりは「介入後の貧困率」）の低い位置にいる国ほど、政府の介入が大きい傾向もうかがえます。ユニセフレポートでも、子どもの貧困率における各国間の違いのかなりの部分を、こうした政府の介入の程度によって説明できるとしています。

つまり、政府がきちんとした介入をしていれば、子どもの貧困率は下げることができるのです。ところが、それを怠っている国では、子どもの貧困率は上昇してしまうことがこの図からは明確に見えてきます。

特異な日本の家庭福祉政策

日本はどうでしょうか。

図1―4からは、ひとり親家庭の貧困率と同様に、日本は他の国と極端に違う様相を示していると言えます。日本では政府の介入は子どもの貧困率を下げることにほとんど寄与できていないどころでなく、逆に介入によって貧困率が上がっているのです。これは異常事態だと言えるでしょう。

日本は、市場経済のみの収入によって測られる「介入前の貧困率」では、OECDの平均をかなり下回る数字なのに、「介入後の貧困率」では平均以上になっています。もっと言えば、「介入前の貧困率」では日本はOECD全体（22ヵ国）のなかでほとんどトップに近い位置にいるのに、「介入後の貧困率」では15位に後退してしまうのです。

ちなみに、アメリカも日本と同様です。しかし、政府の介入がいくらかの効果を発揮していることがこの図からは見て取れます。日本はアメリカと比べても異常です。

ここで、不思議に思われる方もいるかもしれません。「日本では、政府は何もしていないのか?」と。たしかに、日本にも子どもを持つ世帯に対する所得再分配政策がいくつか存在します。児童手当や児童扶養手当制度などです。また、扶養控除に代表される税制度によっても、子どもたちのいる世帯はなんらかの恩恵を受けているでしょう。

問題は、こうした制度が子どもの貧困率を下げることに、どの程度効果を発揮できているかということです。

国立社会保障・人口問題研究所の阿部彩氏は、こうした点で示唆に富んだ研究を行っています。阿部氏は、「所得再分配調査」に基づき、児童手当や児童扶養手当、税の扶養控除が、子どもたちの貧困を削減することにどの程度効果を発揮しているかを見ています。阿部氏は、このなかで日本では、税控除や児童手当、児童扶養手当などの社会保障の制度によって、子どもの貧困率を下げることができないばかりでなく、逆に貧困率を押し上げる方向に働いていることを示しています。

つまり、阿部氏によれば現行の税控除や児童手当の制度などは、低収入家庭の経済状態を改善することをめざして作られた制度ではないために、また児童手当の額などがあまりに少額なために、「介入後の貧困率」と「介入前の貧困率」が逆転してしまうという結果をもたらしている、とするのです。

図1-5　家族関連社会支出の対GDPの割合（OECD26ヵ国）

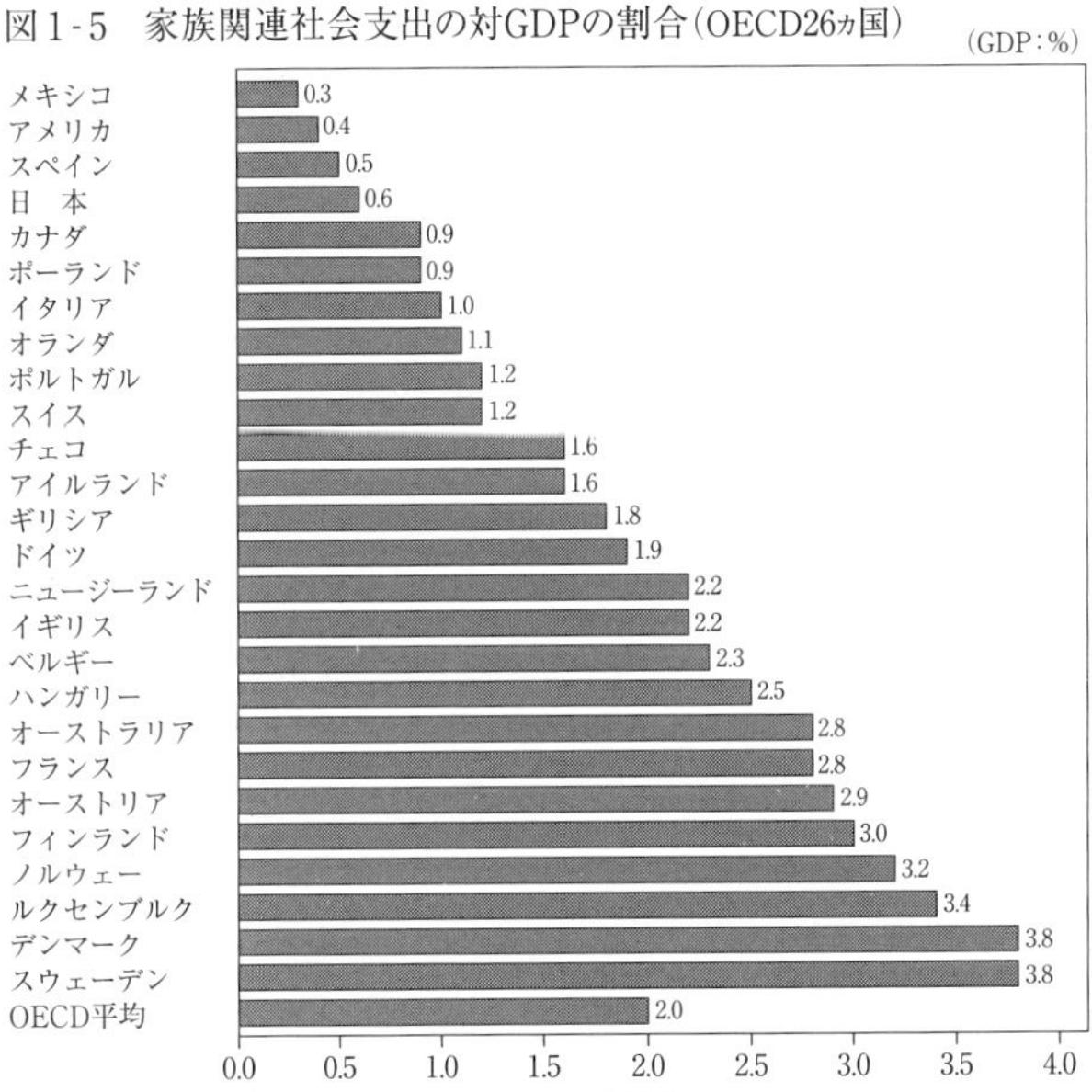

出所）OECD(2004), "Social Expenditure Database" より作成

もっとも、阿部氏はここでは児童手当などの効果のみを計算しており、保育サービスや施設サービスなどの現物給付や、出産・育児休業給付などによっても、いくらか家族や子どもの貧困率を下げている可能性があるはずです。

では、こうした家族や子どもたちに対する社会支出全体（家族関連社会支出）は、日本は他の先進国と比べると、どの程度の規模になるのでしょうか？

この章の最後に、OECDが04年に発表しているデータから、この章の冒頭の子どもの貧困リーグに登場した26ヵ国の、家族関連社会支出の対GDP割合を低い順に並べてみました（図1―5）。残念ながら、日本は、メキシコ、アメリカ、スペインの次に低い割合でしか家族を公的に援助できていないことがこの図からはわかります。

アメリカと同様に、日本は、貧困家庭にやさしい国ではないですが、貧困家庭以外の家庭に対しても、けっしてやさしい国ではないのです。

㊟　持ち家に住んでいても、その家屋や土地の処分価値が利用価値と比べて低い場合は、持ち家を処分することなく生活保護を利用することは可能です。また、急迫した状況にあり、ただちに家屋等を売却することが現実的には不可能であれば、生活保護を申請することはできます。

2章　なぜ子どもたちは貧困に陥ったのか？

1章では、日本やアメリカの子どもたちの貧困の現状を、他の国々との比較のなかで、おもにマクロ的な視点から見てきました。

本章では、子どもたちの貧困はなぜ起きるのかということを考察してみたいと思います。しかし、本章では1章とは少し異なり、私たちが子どもたちや家族の貧困を日常的に見るときの、ミクロ的な視点にベースを置いて考えてみたいと思います。子どもたちの貧困の問題とは、マクロ的な政治経済上の問題であると同時に、私たちが身近に日々触れ感じているものであって、そうした日頃の感じ方、考え方を抜きにしては語れないものでしょう。

この章では、統計などをあまり使わずに、子どもたちの貧困の原因をさまざまな視点から理論的に考察していきます。他の社会的問題と同様に（あるいは他の社会的問題以上に）、子どもたちや家族の貧困の問題は、議論百出なさまざまな価値観をはらんだ事象であって、できるだけ幅広い視点を持って探求していく必要があると考えます。

また、理論的に考えていくということは、理論というものが社会のさまざまな問題を見ていく上での単なる仮定的な考え方に過ぎない以上、この章では絶対的な答えを出すことが目的ではありません。貧困問題が子どもたちにおよぼす影響を探る研究の前提となっているさまざまなパースペクティブを、この章で少し浮かび上がらせることを目的とし、3章以降の理解の助けにしたいと思います。

この場合、子どもたちだけでなく子どもたちと一緒に生活する家族（とくに親たち）も、なぜ貧困状態から抜け出せないのかを同時に考える必要があります。日本もアメリカも、大人と子どもが一対の単位となる核家族を中心とした生活の営みを行っていくのに適した現代資本社会のなかにいるからです。

また、この章では、貧困を「しつこく再発見」してきたアメリカでの、貧困の原因論をめぐるいくつかの議論を参考にして、論理を展開させています。しつこいくらいに貧困問題にこだわってきたアメリカの研究者たちは、子どもたちや家族の貧困の原因論をどういうふうに語ってきたか、そのエキスを少し描いてみます。

ちょっと、アメリカの話題に偏ってしまうかもしれません。しかし、「貧困大国」と言われるアメリカの子どもたちの貧困問題の現状を、ここでさらに深く描写できるチャンスもあると思っています。

自己責任論・人的資本論

現代のアメリカ人は、貧困の原因をどのように考えるのでしょうか？ 01年のアメリカ公営ラジオ局（NPR）の世論調査の結果を示すのが、次ページの**図2―1**です。これを見ると、個人の努力不足を原因と考える人と社会的な環境によると考える人が拮抗しながらも、前者が若干多いことがうかがえます。

日本でも、ワーキング・プアや貧困の問題が社会的に取り上げられるようになってから、そうした経済的に立ち行かなくなった人たちのことを、単に彼らの努力不足や怠惰な生活ぶりから問題が発生しているのに過ぎないと非難する論調もあります。自己責任論と言われる議論です。

さらに、『貧困襲来』の著者・湯浅誠氏も指摘するように、貧困な人やワーキング・プアな人たち自身でさえ、自分たちが経済的に立ち行かなくなっている状況を、やはり「自分が

図2-1　アメリカ人は貧困の原因をどう考えるか?

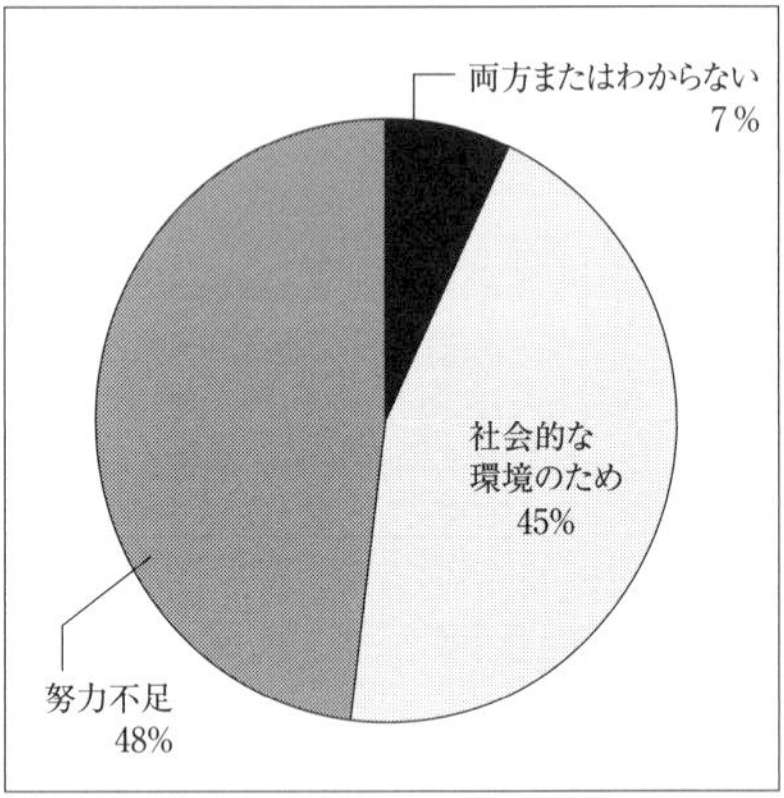

資料）NPR（2001）
出所）Schiller（2004）

うまくやらなかったからだ」とか「自分のせいだから仕方がない」と自己責任論で解釈してしまいがちです。

しかし、自己責任論もよくよく見ていくと、上記のアメリカでの世論調査のように努力不足と考えるもの、能力や人格の差によるもの、精神的な安定さの度合いによるもの、やる気の問題、学歴の問題によって説明しようとするものなど幅があります。

ただ、どちらにしても、個人的な属性の問題と捉えてしまいがちなことに特徴があります。

自己責任論のこうした考え方は、ある意味、経済学の人的資本論の概念に基づいているのかもしれません。人的資本論は、学歴の違い（たとえば、中卒と高卒と大卒の違い）によって、なぜ賃金などに差が出てしまうのかなどを分析していく時に便利な理論です。つまり、人的資本論では、こうした違いをそれまでの教育などにかけた時間や費用などの投資量の違いによって説明しようとします。

たとえば、子どもの頃から遊ばずに勉強をして努力を重ねた人は高学歴を持ちえるし、彼らは技能も能力も高く、それに見合った高賃金を手に入れることができるのが当然だと考えます。

逆に、子どものころ、宿題を怠けてテレビばかり見ていると、学校の成績はどうしても下の方になりがちです。また、高校や大学に行けたのに、面倒臭がって行かなかった人もいるかもしれません。こうした理由で、いまは賃金の低い仕事にしか就けず経済的に苦しんでいるとしたら、それは仕方がないことではないかと人的資本論では考えるわけです。

子どもたちの貧困のことに関しても、たとえ所得の低い保護者であっても、給料を自分の遊興費などに回さずに節約して、子どもにできるだけ苦労をさせずに頑張っている親御さんも多いはずです。子どもが貧困な状況に置かれているのは、そうした保護者の努力不足や愛情不足の問題だと人的資本論では解釈されるでしょう。

将来の子どもたちのことを考えれば、節約したお金で本を買ってやったり塾に行かせたり、忙しい時間を工面して勉強を教えてやったりすれば、子どもたちは将来、高い学歴を持てる可能性があるはずで、貧困の世代間連鎖などは起こらないはずでしょう。

魅力的な自己責任論

自己責任論・人的資本論は、現代社会に暮らす私たちには非常に魅力的な理論かもしれません。私たちは、小さな頃から家庭でも学校でも努力し、良い成績や良い生活習慣を身につけることを教えられてきました。職場でも、努力を重ねてきちんとした仕事ぶりをしている人が、きちんとした評価を受け高い賃金を得ることは、会社のためにも社会のためにも必要なことでしょう。

また、日本全体も、長い間、身分や社会的な階層ではなく、その人の努力によって学校の成績や社会での成功がもたらされている社会だと信じられてきました。このような業績主義的な考え方は、至極当たり前に見えます。先にも述べたように、こうした考え方は、高学歴のお金持ちの人だけが持っているのではなくて、いま貧困状況にある多くの人たちも受け入れています。そして、自己責任論から自分の貧困状況を自分の努力不足のせいにしてしまっているのです。

実際のソーシャルワークの現場でも、家族や子どもたちの生活を改善するにあたっては、保護者が良い仕事に就くために研修を受けたり、子どもたちができるだけ高い学歴を取得できるように配慮することは、最も現実的で役に立つ方法です。

私が、この本の「はじめに」で描いた3つの事例だって、自己責任論・人的資本論を徹底して考えれば、なんら社会的に問題とするケースではないのかもしれません。

3つの事例ともひとり親家庭の生活ですが、みんないろいろな葛藤がありながらも、最終的には自分で判断してひとり親家庭になったのでしょう。だったら、自己責任でしょう。学歴もそれぞれ高くないですが、それだっていまの日本やアメリカのように経済的に豊かな社会では、なんらかの方法で高校や大学に行けたのかもしれません。努力が足りなかったり、選択が間違っていたりしたのではないでしょうか。もっと高い学歴を得ていれば、もっと高い賃金を得ることもできたでしょう。

そうすれば、ミヤたちが母親と離ればなれに暮らす必要もなかったし、タクヤが空腹に苦しむこともなかった、デマルコだって早くにエアコンを購入できて心臓への影響を食い止めることができたはずでしょう。いったい何が問題なのか!!

機会不平等論

少し冷静になって自己責任論・人的資本論を眺めていると、実は暗黙のうちにこうした考え方が、いくつかの前提条件に依拠していることに気づきます。それらの前提条件がないところでは、自己責任論・人的資本論は意味をなさなくなってしまうか、子どもや家族の貧困問題に対して十分な説明ができなくなってしまいます。

ひとつには、経済学で言うところの資本市場の完全性の仮定です。つまり、自己責任・人的資本論が貧困の問題を十分に説明するに足るには、労働市場は参加する誰もが十分に情報を得ることができる上に、能力や知識のみによって決まる完全競争状態でなければなりません。賃金も、人々が持つ資源、人的資本も、需要と供給のみによって完全に自由な市場で決定されなければなりません。

残念ながら、こうした理想的な状況は、日本にもアメリカにも存在しません。それどころではなくて、良い仕事に就くための情報はお金持ちや社会的に地位の高い人に偏りがちだし、女性差別やしょうがい者差別、中小企業と大企業の差などの例を考えても、個人の能力や知識が十分に生かせる労働状況にいまの日本の企業社会がなっていないことは多くの人が気づいていることです。

さらに、資本の完全性の議論は、自己責任論・人的資本論がやはり大前提としている機会の平等の議論につながります。学歴社会のあり方を議論する荒井一博氏（『学歴社会の法則』

光文社新書）が言うように、資本の完全性の仮定が導入されると、貧困な人もお金持ちと同様に、資本市場で必要なだけ資金を借りて大学などに進学することが可能となるはずです。

しかし、荒井氏も認めているように、現実にはこうした機会の平等は阻害されています。明らかに、日本でもアメリカでも貧困な人はお金持ちの人に比べ、教育費用などを得る上で不利な条件のもとにあり、お金持ちの親は貧困な親に比べて、子どもに多くの投資をしています。世襲政治家の家に生まれた子どもたちと、生みの親と離れて児童養護施設で暮らさざるをえない子どもたちでは、教育を受ける機会の不平等が日本では厳に存在します。

ゲームのルールを考える

もっと言えば、自己責任論・人的資本論の視点だけから貧困の原因論を眺めていくと、社会の状況や社会政策のあり方の問題を、視野から捨象してしまう可能性があります。

たとえば、アメリカの代表的な貧困学者であるランクが例示する「イス取りゲーム」を考えてみましょう。

8脚のイスを10人の競技者が争うゲームをするとします。さまざまな条件を平等にすれば、負けた2人はたしかに運が悪かったり動作が鈍かったりしたために負けたということになるでしょう。運動能力という人的資本が勝負を決める可能性もあるでしょう。負けた2人は悔しい思いをするかもしれません。ところで、次にイスを7つに減らし、さらには6つ、5つとするとどうでしょう。悔しい思いをする人は増えていきます。

ランクがこの例から言いたかったのは、こうしたゲームのルールや勝者の数は、社会の状況や社会政策のありようによって変化する可能性があるということです。

さらに重要な点は、ランクが言うように、私たちはゲームの敗者がどんな人なのかということや、どんな属性（イス取りゲームの場合は、すばやく動けるか、運が良かったか悪かったか）を持っているかということばかりを議論したがりますが、ゲームのルール（社会の状況）がどうなっているのかにはなかなか目が行きません。それを考慮に入れていかない限り、負けた人の状況もきちんと見えてきません。

逆に、ゲームのルールを考慮に入れると、自己責任論・人的資本論は少し違う視野を私たちにもたらしてくれます。

たとえば、雇用不況の状況を考えてみましょう。こうした時期にまず最初に首を切られたり、なかなか採用されないのは、実は人的資本（学歴、技術、健康な身体など）を多く持っていない人なのです。つまり、社会的な状況（ゲームのルール）が悪化した時には、人的資本に欠ける人ほど脆弱な状況に追い込まれてしまいます。

1章の例で考えても、アメリカや日本など行政的な家族援助サービスの少ない国で、最も貧困の危機に出会う可能性のあるのは、人的資本をあまり持ち合わせていない家庭で生活する子どもたちです。人的資本を増やすことは、たしかに個々の家族や子どもたちが貧困から抜け出すには大切なことですが、それだけでは社会的に脆弱な家族や子どもたちの貧困問題を全体的に解決することにはなりません。

こうした貧困な家族や子どもたちが抱える脆弱さというものは、家族や子どもたちが単に少しの研修を受けたり学歴を上昇させたりしたとしても、時に小さな綻《ほころ》びから抜け出てしまいます。こうした相談者に援助をしたことがある人なら誰でも気づいているように、社会的に脆《もろ》い人々は、ほんの些細《ささい》なことでいろいろなつまずきに出会うのです。援助者は（私も含めて）、時にそうした相談者の脆さに直面すると、どうしてそうなるのか理解できずに、さまざまな正当化する理由をつけて援助することを投げ出してしまいがちです。

彼らに欠けるのは、実は人的資本だけではなく、頼りとなる友人や親類がいないことが多く、社会的なサポート（経済学で言う「社会関連資本」）にも欠けています。結局、そうした状態にあると、ちょっとした周囲の環境（ゲームのルール）の微妙な変化に、そうでない人々以上に深刻な影響を受けてしまうのです。

児童相談所で仕事をしていると、生活状況の変化などの影響で、突然連絡が取れなくなってしまう親御さんたちに出会います。一見、親としての責任感に欠けると思える彼らの背景にも、実はさまざまな社会的要因が影響をおよぼしています。

ケース④ 〝引きこもる父親〟

リサのお父さんは、中卒だったがタクシー運転手をして頑張っていた。数年前にリサのお母さんが死んでから、お父さんはうつ病と診断されるほどに落ち込んでしまい、生活も荒れはてたため、リサは児童養護施設で生活することとなった。

数年たち、お父さんはうつ病の治療を続けながらも生活は安定し始め、リサも自分の身の回りのことができるようになったので、まもなく引き取ることを考えていた。児童福祉司である僕も、引き取りに向けて、お父さんやリサと話し合いを重ねていた。

そんな矢先、お父さんは交通事故を起こしてしまう。当時のタクシー業界の規制緩和以降、お父さんの勤務状況はかなり厳しいものだったようだ。交通事故に、そうした勤務状況が影響していたのかもしれない。

お父さんは、この交通事故以降、連絡が取れなくなってしまう。アパートに閉じこもっているようだが、僕が繰り返し訪問をしたりしても応答がない。リサには事情を話したけれど、なかなかあきらめきれない。

さらに、私は社会のルールそのものを変化させていくことの大切さを訴えたいのです。

結局、自己責任論・人的資本論の一番の限界とはこの点です。私たちが陥りがちな「努力さえすればなんとかなる」議論にしても、個人が自分の置かれた社会環境をどのようにでもコントロールできるという前提が底にあるのです。

しかし、私たちはさまざまな社会的な制約のなかで生きています。時にその制約はある人には不利に働き、ある人には有利に働くという差別的な状況を生み出してしまいます。女性差別、しょうがい者差別、民族差別、経済的な階層、さまざまな差別がまだまだ存在していることは、私たちが少しアンテナを延ばして社会を見れば簡単に把握できます。

こうした差別が横行する社会では、たとえ、誰かが困窮した状況から抜け出したとしても、代わりに誰かが困窮するという〝もぐら叩きゲーム〟を生み出すだけでしかありません。ゲームのルールを変更することで、社会的に不利な条件に陥る人をできるだけ少なくしていくことは可能です。

私は、理想論を話しているわけではありません。

1章で、日本やアメリカに比べ、他の国々が子どもたちや家族に多くの社会的な支出をすることで、子どもたちの貧困を減らそうと努力していることを見ました。それは現実社会の出来事です。さらに、私はこうしたルールを変化させることが社会全体にプラスの意義をもたらすと思っています。それは、最後までこの本を読んでいただくことで伝わっていくと期待したいと思います。

貧困の文化論

アメリカの貧困そのものや子どもの貧困をめぐる議論を展開するにあたっては、貧困の文化論（the culture of poverty）に触れないわけにはいかないでしょう。この章の冒頭でも述べたように、少しアメリカの話題に偏ってしまうかもしれませんが、アメリカの子どもたちの貧困状況を理解する上でも、日本における子どもたちや家族の貧困の問題を考えるにあたっても重要な点なので、簡単にこの理論を見ておきたいと思います。

自己責任論・人的資本論が個々の貧困な人や家族をめぐる議論とするなら、貧困の文化論は貧困な人や家族が属し、子どもたちがそのなかで育っていく社会階層の文化的な役割を強調するものです。ここで文化というのは、単に貧困な家族の行動そのものではなくて、むしろ行動の基盤となる価値観や規範、心理的な傾向や特性などを表すものです。価値規範や心理的な特性という捉えにくいものを対象にしているために、貧困の文化論はそれを分析する人によってかなり異なる解釈をもたらしてきました。

貧困の文化論の代表的な研究者、オスカー・ルイスは、50年代から60年代にかけて、メキシコやプエルトリコの貧困な地域に住む人々、ニューヨークに移り住んだプエルトリコ人などの生活を、文化人類学的な方法論（参与観察と生活史法）によって研究しています。そのなかで、彼は貧困な人たちに共通して観察されるにもかかわらず、中流階級の人たちには見られないいくつかの行動パターンや、そのバックにある価値規範や特徴を見出し、それを「貧困の文化」と名づけたのです。

たとえば、ルイスによれば、貧困の文化のなかで育ちあがった人は、自我が弱く、疎外感や絶望感、劣等感を持ちやすい、現在の楽しみのみを志向し将来に対する備えをしない、衝動性のコントロールに欠ける、権威主義への強い志向、依存性の高さ、怠け癖などの心理的な特徴があると記しています。また、人生のなかの子ども期の欠如や早期の性的経験、妻や子どもを遺棄することの多さなども見られるとしています。

また、ルイスは、貧困の世代間連鎖を考えるにあたっても、貧困の文化論は重要であると位置づけます。

「ひとたびそれが〔貧困の文化が〕産み出されると、子供たちへの影響により世代から世代へと存続してゆくことになる。スラムの子供たちはたいてい6、7歳になれば、彼らの部分文化〔サブ・カルチャー〕の基本的な価値と態度が染みこんでおり、その後の一生に起こり得る変転する情況や増大する機会を充分に活用するだけの心理的な柔軟さを失っている」

（〔 〕内は筆者の注。『ラ・ビーダ――プエルト・リコの一家族の物語』）

「違い」と「多様性」の国・アメリカ

日本と違い、多民族国家であり、かつ社会的な経済階層のラインも明確なアメリカでは、人間関係も「違い」が非常に大切になります。アメリカは、こうした互いの「違い」を強調する方向で発展してきた社会であるとも言えます。もし、アメリカ社会に明と暗があるとすれば、明にあたるのが、こうした日本社会とは明らかに違う、互いの「違い」や「多様性」

を大切にし尊重し合う部分だと私は思います。

アメリカのソーシャルワークの大学院で、私は、その名も「多様性」(diversity) という必修の授業を受けました。この授業では、結局、さまざまな差別論を学ぶのですが、参加する学生自らが、どのような社会階層の出身なのかとか、性的な志向（レズであるとか、ゲイであるとか)、民族などをみなの前で告知をします。先生は、そうした違いをはっきりさせて議論をすることが一番大切だと言います。

実は、こうした「多様性」「違い」は、ソーシャルワークの実際の現場でも基本的な原則のひとつです。相談者が援助者とさまざまな面（ジェンダー、年齢、人種、階層）で「違い」がある以上、相談者を理解するためには、彼らの文化を理解することは最も大切な援助技術なのです。

スラム地域の学童保育所でのインターンの事前研修で、私はある論文を読む課題を与えられました。この論文のタイトルは、"Understanding and Working with Students and Adults from Poverty" というもので、中流階級と貧困階級の子どもたちや大人たちの間では、彼らがそれに基づいて行動し思考している（その階級に隠された）ルールが違うことを強調しています。

たとえば、貧困階級の人々にとって一番大切なのは、人間関係であり集団のなかで生き抜くことであり誰かを喜ばすことであって、中流階級の人々のように何かを成し遂げたり労働に勤《いそ》しむことではないとされています。子どもたちの身体的なけんかも、貧困階級の子どもたちにとっては、集団のなかで生き抜くために必要なことなのだとその論文は主張しています。もっと具体的な例を挙げれば、彼らにとって母親とは最も大切な人物であり、母親を侮辱することは最も許されないとされます。

何か、貧困な人への差別感をあおっているようにも見えます。しかし、こうした点を頭に入れておくことで、一緒に時間を過ごしたスラム地域の子どもたちについての私の理解を促してくれる部分があったことも確かです。

たとえば、"Your mom!"というたった一言が、子どもたちの大げんかのきっかけになったりしました。実は、この一言そのものが、子どもたちにとって自分たちの母親に対する最大の侮蔑《ぶべつ》の言葉だったのです。一緒に働いていたソーシャルワーカーの方によれば、この言葉の表面には現れない含意は、こうしたスラム地域に暮らす子どもたちの間でのみ通用するものだそうです。

日本の場合——文化をもっと広く考える

経済的な階層の明確なアメリカと違って、日本の場合は貧困問題に文化的な視点から注目することには、やや無理があるのではないかとみなさんは感じているかもしれません。

しかし、文化というものをもう少し幅広く捉えると、日本でも私たちがさまざまな文化的装置によって、自身の内面を社会階層的に規定されていることがわかります。

たとえば、職業や学校というものも、私たちの価値観や事象の捉え方に大きな影響を与えるものです。ある同一の価値観を持った人々が、似たような仕事に就いたり学校に行きやすいという側面もありますが、どういう仕事に就くかによってその人の価値観や考え方、心理的な傾向が変わってくるという方向もあります。同じ仕事でも、違う会社、違う事務所によっても私たちの価値規範は微妙に変わってきます。

学校も文化です。とくに、中流文化に基づいた社会的制度です。そんなことを普段から私たちは意識しているわけではないですが、何かを成し遂げたり労働に勤しむことの大切さという中流社会の規範を、学校は繰り返し子どもたちに与え続けているのです。

もちろん、通う学校の雰囲気や文化によって、私たちはそうした中流文化をさまざまに違った形で仕入れているのかもしれません。さらに、中学校から高校、高校から大学、大学院に進学することで、社会的により高位の価値観を私たちは身につけているのです。こうして学歴というものは、私たちの社会的な意識や考え方を形づくる文化のひとつです。

そして、お気づきのように、職業も学歴も、家族や子どもたちの経済的な状況と深い関連性を示すのが日本も含めた現代社会です。こうしたことで、日本では社会階層というものはアメリカのように明確ではありませんが、学歴や職業などによって社会階層的な文化の影響を受けながら私たちは生きているのです。

貧困の連鎖を考える上でも、日本では学歴が大きな要因になっています。一般家庭の学歴と職業、所得における世代間の関連性を示すのは、「社会階層と社会移動調査」（SSM調査）などが有名ですが、大阪府堺市健康福祉局理事の道中隆氏は生活保護家庭の世代間連鎖を調べるなかで、生活保護家庭390世帯の72・6％（283世帯）の世帯主の学歴が、中学卒または高校中退であることを見出しています。日本の低所得家庭の世代間連鎖を考えるとき、学歴の持つ大きな意味合いをまだまだ等閑視することはできません。

水上生活者だった母親

貧困の文化論について考えるとき、私は、いつもある家族のことを思い出していました。

その家族には、5人もの子どもたちがいましたが、さまざまな理由からみんな児童養護施設で生活していました。

夏休みや冬休みの時節になると、いつも、児童養護施設の職員たちと、児童福祉司である私と、親御さんたちの間で議論が巻き起こります。理由はごく単純です。夏休みや冬休みの間、たった数日間、父母の家に帰るだけで、児童養護施設できちんとしつけられていた子どもたちの生活の様子がかなり乱れてしまうからです。

食生活から、睡眠リズム、物の片づけ方まで。情緒的に不安定になったり、言葉遣いも乱暴になって、休み後に子どもたちは児童養護施設に戻ってくるのでした。

児童養護施設と親御さんの間に入った私が、少し大変だったことを記憶していますが、実は、私が担当している間に、子どもたちの父親は亡くなります。お葬式の会場で、それまであまり自分の生活史を語ることのなかった母親が、ぽつんと自分の小さな時の話を私の前でしてくれました。

私とほぼ同年代の母親の原家庭は、水上生活者だったそうです。水上生活者とは、貨物船の荷おろしなどに従事しながら、荷おろしのための小型船舶にそのまま居住していた人たちのことで、60年代や70年代にはまだ見られました。当時の下層文化のなかで生きていた人々だったと言えるでしょう。

　この母親も、小さな船舶のなかで中学卒業までを過ごしましたが、中学はほとんど通わず、小学校も休むことが多かったと言います。自分の父の仕事を手伝ったり、家事や小さなきょうだいの世話をしていたようです。また、アルコールの問題のあった父の酒癖の悪さなどの思い出も話してくれました。

　児童養護施設に戻った後の生活の様子など、気にも留めず、子どもたちの久しぶりの帰宅に、お祭り騒ぎを繰り返す母親の行動の背景には、私や児童養護施設の職員とは、たしかにどこか違う価値規範や心理的な傾向が働いていました。子どもの育て方をめぐる社会階層的な価値観の違いが、お互いの葛藤として現れていたのかもしれません。

　しかし、少し無責任にも見える母親が、子ども期を過ごしていた、水上生活者たちの生活環境やさまざまな困窮状況に、やはり不安定な生活を繰り返し亡くなった父親のお葬式の会場で、あらためて思いが至ったこともよく覚えています。

批判された貧困の文化論

ルイスの話に戻ります。そして少し先回りして話を進めると、ルイスの「貧困の文化論」

は後の人々から痛烈な批判を浴びることになるのです。

しかし、これまで見てきたように、アメリカ社会の多様性という現実のなかでは、貧困な家族を理解し彼らの生活を社会的に改善していくためには、貧困問題を文化的な視点から眺めることは有意義なようにも思えてきます。

実際、ルイスは元はと言えば、進歩的な研究者であって、社会的に抑圧されている人の生活を改善することを意図して研究を始めたのです。

ところが、結局、彼の意図は後世の人にはまったく伝わらず、反対に彼の本意を曲解した保守的な人びとが貧困な家族を貶《おとし》めるために利用してしまったのです。

なぜそうなってしまったのでしょうか。ルイスに欠けていた点は何だったのでしょうか。

スラムやゲットーの形成と荒廃

ルイスが貧困の文化論を研究したニューヨークの貧困地域は、スラムとかゲットーなどと呼ばれています。現代でもこうした地域はアメリカ北部の大都市（シカゴ、デトロイト、フィラデルフィア、ニューヨークなど）の中心部などにまだまだ存在しています。スラムやゲットーには、アフリカ系アメリカ人やヒスパニックたちが多く居住していますが、白人の姿

東セントルイス市の中心街。殺人などの凶悪犯罪の発生率が全米で最も高い市のひとつである

はほとんど見られません。

また、ゲットーやスラムでは、麻薬や暴力などの犯罪が発生しやすく、周辺地域に比べ失業率やひとり親家庭の割合が高く、非常に貧困で危険な地域です。

私が住んでいたミズーリ州セントルイスにも、北部を中心にスラム街が見られ、ミシシッピ川を挟んだ対岸のイリノイ州東セントルイスは、市内全体が極貧のスラム街と言いえる状態でした（写真）。私が児童保護機関のインターンとして家庭訪問を繰り返し行い、学童保育のインターンとしてアフリカ系アメリカ人の子どもたちと時間を過ごしたのも貧困地域でのことでした。

セントルイスで暮らし始めたころ、多くの

人たちがアドバイスしてくれたことのひとつは、こうした地域にひとりでぶらりと行ってはいけないということでした。後に、インターンなどの必要性に迫られて、ひとりでこうした地域で行動を始めたころ、小心者の私はとても緊張していたことを思い出します。拳銃を向けられるのではないかとか、車を襲撃されるのではないかとか不安に思ったものです。

90年代にセントルイスの貧困地域で非営利団体の活動に従事していた社会福祉の研究者・須田木綿子氏の本も、そうした私の不安感を強めるものでした。須田氏はこう書いています。

「このような地域で車を運転するには、それなりの方法がある。角を曲がるときでも、なるべくスピードを落とさずに一気に曲がりきる。一時停止の標識では軽くブレーキを踏む程度で、完全に止まりはしない。とにかく走り続けることが大切なのだ。ちょっとでも気をゆるめると、いつ誰が車に飛び乗って悪さをしないとも限らない。最初のうちは、そんなことは何も知らなかった。私の規則遵守の呑気な運転ぶりは、『どうぞ襲ってください』と宣伝しているも同然だった。しかも、アジア人の私は見るからに異邦人で、アメリカ人と比べれば小柄であり、絶好のカモだった」

（『素顔のアメリカNPO――貧困と向き合った8年間』）

こうした地域の形成を振り返るには、50年代後半の公民権運動以降のアフリカ系アメリカ

東セントルイス市の住宅街。荒廃が進み、廃墟や空き地が目立つようになっている

人たちの歴史を少し見ていく必要があります。公民権運動によって彼らは、白人と同様のさまざまな権利を手に入れたのですが、一部の人を除くと経済的な豊かさをすぐに手に入れることは難しかったようです。

60年代から70年代にかけて、それまで南部の農村地域に多く住んでいたアフリカ系アメリカ人たちは、その頃工業都市として急速な発展を進めていたセントルイスやシカゴなどの北部の大都市に豊かさを求めて移動してきました。彼らの多くは、工場などで肉体労働に従事し都市の中心部に住むようになりました。すると、そうした地域にそれまで住んでいた白人たちは、徐々に都市中心部を離れて郊外に移り住むようになりました。

白人の郊外への移動を促したひとつの重要な要素は、当時始まりだしたモータリゼーションです。こうして、豊かな白人は自家用車を手に入れて郊外に住み、車を買えないアフリカ系アメリカ人たち（現代でも、中古車でさえアメリカではかなり高価）は都市中心部に残らざるをえなくなってしまいました。

さらに、モータリゼーションの発達はアメリカでは公共交通機関（バス、鉄道）の衰退をもたらし、貧困なアフリカ系アメリカ人たちは、日常的にも都市内部からあまり出ることなく生活せざるをえない状況となりました。

実は、ルイスが貧困の文化論を発表した60年代後半以降、こうした地域の荒廃はより深刻化していくのです。失業率が上昇し、殺人などの暴力事件が増加しました。不況が深刻化した74年にはシカゴ市内だけで970件（人口10万人あたり30・8件）の殺人事件が起きたとされます。しかも、加害者・被害者どちらも大半はアフリカ系アメリカ人でした。ひとり親家庭（とくにシングルマザー）も急激に増えました。83年の時点で、シカゴ市の市営団地に住む2万5000世帯のうち、両親がいる世帯はわずか8％でした。

社会経済の構造から貧困を考える

ルイスの貧困の文化論に対しては、ルイスの著作が出版された直後から、リベラルな研究者によってさまざまな批判がなされました。彼らは、この章でも取り上げた機会の不平等論に基づいておもに反論を試みています。つまり、ゲットーなどの貧しい地域に住む人々は、十分な教育の機会に恵まれず、社会進出の機会も限られているために前途に希望が持てない。

ゆえに、こうした行動を取ってしまうのだと反論したのです。

しかし、リベラルな論者たちの論理では、70年代以降のスラムやゲットーの深刻化した荒廃の原因を十分にはつかみきれないと、アメリカ社会学会の会長も歴任したハーヴァード大学のW・J・ウィルソンは言うのです（『アメリカのアンダークラス——本当に不利な立場に置かれた人々』）。つまり、公民権運動により、アフリカ系アメリカ人の権利が社会的に向上していったのと同じ時期に、スラムやゲットーが荒廃していったことをリベラル論者の理論（機会の不平等論）のみで説明することにはやや無理があります。

ウィルソンが一番に注目したのは、社会経済的な産業構造の変化です。60年代の重工業中心の産業構造はその後、急激に変化し、産業の中心は情報産業・サービス産業に置かれるようになりました。とくに60年代に多くの黒人男性が従事していた労働集約産業は、グローバリゼーションの進展で賃金の安い海外に拠点を移すようになったのです。結局、学歴が低く手に技術も持たない多くの黒人男性は、失業せざるをえなくなってしまったのです。

このような男性の失業率の極端な増加は、暴力などの犯罪の増加をもたらし、さらには黒人女性の離婚や、子どもを妊娠したとしても非婚の選択をする数多くの女性を生み出し、ひとり親家庭の増加をもたらしました。

また、ウィルソンは60年代以降、公民権運動がもたらしたさまざまな施策も、中産階級のアフリカ系アメリカ人の経済的な安定にはつながりましたが、結局は、貧困な人たちには経済的安定をもたらさなかったと言います。ウィルソンがキング牧師の言葉を引用して表現したように「ハンバーガーを買う金のない者が、レストランで食べることを許されたとして、それが何になるのだろうか」。さらに、豊かになった中産階級のアフリカ系アメリカ人たち（医者、弁護士などの専門家）がスラムやゲットーから転出することで、こうした地域の荒廃はさらに進んでいきました。

もちろん、ウィルソンも文化的な影響をまったく無視していたわけではないと私は思います。貧困な人々の行動を理解するために、文化的特性を考えることは意義があると理解していたと思います。彼は文化的な拘束力が、貧困な人々の行動や価値観、人生観を規定してしまう可能性を認識していました。しかし、他方でそうした「貧困の文化」と見えるものが、実は過去や現代の社会経済的な状況によってかなり規定されており、社会や経済状況が変化することで、そうした文化的な価値観も変わってくることを主張したかったのです。

逆に、貧困の文化論者・ルイスも、彼が研究した家族を描く際に、家族の歴史的な背景や経済的な状況をまったく記載していないわけではないのです。

ところが、サンフランシスコ州立大学のブルゴワ（Bourgois）が指摘するように、ルイスがこうした研究を実施した、50年代の文化人類学者たちに強い影響を与えた、個人の精神病理的な逸脱傾向に問題の原因を還元しがちな、フロイト的なパラダイム（物の見方）の限界から、そうした歴史的、経済的な社会構造と、貧困な人たちの文化的特性を結びつけることがルイスにはできなかったのです。

ルイスが唱えたような、貧困な人の文化的・心理的な傾向に貧困問題の原因を帰してしまう方法では、結局、個人の性格などにのみ焦点が当たってしまい、社会階層や民族差別や性差別といったものが、個人の日々の生活にどういった影響を与えているかということを捉えることは無理だったのかもしれません。

個人の責任と社会の責任の間で

もちろん、社会構造的なものだけで個人の価値観や貧困状況を説明するのは、なにやら奇妙なことです。私たちの主体性はまったくなくなり、単なる受け身的な被害者になってしまいます。

『ワーキング・プア――アメリカの下層社会』の著者D・K・シプラーが言うように、私たちは社会のなかで「孤立無援でも全能でもなく、個人の責任と社会の責任という両極の中間領域のさまざまな地点に位置している」のだと私は思います。

先に記したブルゴワは、90年代にニューヨークのゲットーをフィールドワークした文化人類学者であり、対象としたのはルイスと同じプエルトリコ人たちです。彼は、ゲットーで暮らす人々の日々の暴力的な傾向やドラッグの問題を、その背景にあるプエルトリコの民族的な歴史や、ニューヨークの産業経済的な問題、ゲットーという地域的な文化などの影響、そしてそれらの要因の交錯した関係性から描き出そうとしています。

彼は、また一方で、そこに暮らす人との日々のつきあいを通じて、ゲットーの人々が暴力的な価値観や傾向を内面化し、支配と被支配の相互依存のなかで人間関係を形成している様態をも書き表しています。

プエルトリコは、ご存知のとおりカリブ海に浮かぶ島ですが、長い間アメリカに占領され続け、島内の経済はずたずたに破壊されています。一方で、アメリカの懐柔政策によって人々は福祉システムの恩恵を受け、それに依存して暮らしているのです。

また、多くの島民がニューヨークなどに出てきて生活していますが、男性たちの多くは仕事を手に入れることができず、妻の収入に頼らざるをえないのに、他方でプエルトリコでの

スラム地域のスーパーや商店の入口は、今でも鉄格子で守られている

家父長的な家族関係を守ろうとして、結局、家庭内暴力と児童虐待の連鎖に家族たちは苛《さいな》まれているのです。

ブルゴワの描写からは、まるでアメリカとプエルトリコの関係が、そのままゲットーの人々の関係性のあり方に転写されてしまったかのような印象を受けてしまいます。彼らの生活を苦しめているはずのアメリカ社会のやり方を、いつの間にか自らのものとしてしまったゲットーの人々。ここでは、彼らは社会の被害者であると同時に、家庭内では加害者でもあるのです。

ゆえに、ブルゴワは、ゲットーを生み出したアメリカ社会に対してだけでなく、ゲットーの人々の無責任とも見える行為に対しても、混乱した怒りの感情を持ってしまうのです。こうした入り組んだ社会構造のなかにいると、彼自身もまた「被害者を責める」(blame the victim)ことになりがちだと自らを戒めています。

しかし、他方でゲットーの人々の家庭内暴力や児童虐待行為を、社会経済的な文脈を抜きにして、単に個人の病理とかプエルトリコの文化的要因と片づけてしまうと、人々の本当の生活は見えてこないし、解決の道筋に至ることも不可能だと思います。

この章の最後に少し蛇足かもしれませんが、私が2年半を過ごしたセントルイス北部地域のことについて触れておきましょう。

最近では、こうした貧困地域も徐々に安全性を取り戻しているように見えます。00年代の後半のセントルイスのスラム地域では、私は少なくとも拳銃を見ることはありませんでしたし、呑気にゆっくり車を走らせていても、カモになることもありませんでした。

たしかに、90年代以前の危険な時代の爪跡は、どこにでも見られました。写真のように多くの店の入り口には商品をねらっての襲撃を防ぐための鉄格子がはまっていて、それらの鉄さびが時代の推移を物語っていました。貧困地域に安全をもたらした要因のひとつは、90年代からの経済的な安定や雇用状況の改善でしょう。セントルイスだけでなくアメリカ全土でも、犯罪率は90年代以降落ち着いています。

スラム地域のこうした変化は、ウィルソンの社会経済構造理論をサポートしているようにも思えます。

Ⅱ　現実

3章　学力格差と児童虐待

1章と2章では統計と理論に基づいて、おもに日米の貧困問題を概観してきました。いよいよ、これ以下の3つの章では、貧困という問題が子どもたちの発達や家族と子どもの関係にどのような影響を与えているかについて、見ていきたいと思います。

まず、この章では現時点の日本で、この点についてどのようなことがわかっているかを少し整理したいと思います。

しかし、これまでも若干述べてきたように、日本では子どもたちの貧困という問題は長い間、社会的にも学術的にもほとんど注目を浴びていないテーマでした。このため、非常に限られた研究しかなされていないのです。

とくに、量的な研究になるとほんのわずかです。日本で行われているいくつかの質的な研究もたしかに大切な点を指摘していますが、貧困というものを世帯の所得などで量的に測定せざるをえない以上、子どもたちや親子関係への影響においても量的な把握をきちんとする必要があると思います。

ここでは、現在の日本で子どもたちをめぐる問題として話題にのぼることの多いふたつの事象について取り上げ、日本の量的な調査・研究に注目してみます。

ひとつは、子どもたちの学力とその家庭背景に関する研究です。

もうひとつは、私の仕事上の専門でもある児童虐待とその家庭背景に関するものです。

学力と経済力

最近、子どもたちの学力格差をめぐって、家庭の経済基盤などが影響を与えているのではないかという議論がマスコミなどでもなされるようになってきました。

07年に実施された文部科学省による全国一斉学力テストや、それ以前に行われた東京都独自の学力テストの結果に、地域間や学校間での子どもたちの学力の差が見られ、そうした差が家庭の経済力の差によってもたらされているのではないかという議論です。

たとえば、07年10月25日の『毎日新聞』は、全国一斉学力テストの結果を一面で大きく報道しました。

そこでも、文具代や給食費などを補助する「就学援助制度」を利用している生徒の割合が高い学校は、割合の低い学校より平均正答率が低い傾向が示されています。また、最上位の秋田県と最下位の沖縄県で大きく差が出たことを示し、経済的な格差、家庭状況が学力に影響している可能性を指摘しています。沖縄大の川井勇教授（教育学）のコメントとして、沖縄県の結果が低かったことについて「本土と比べ、経済的に余裕のない世帯が多い。教育にお金を使えないうえ、親が十分に勉強に気を配れない家庭環境が背景にあるのでは」と載せています。

また、08年2月5日のNHKのニュース報道によれば、日教組が行った教員へのアンケート調査の結果として「教員の83%が、家庭の経済力の差が子どもの学力に影響していると感じている」と報道しています。

このアンケートのなかでは、学校未納金が増えていることも指摘されていますが、そうした場合に、遠足や修学旅行に参加できない子どもたちが増えていることが見受けられます。

PISA

さて、文部科学省が43年ぶりに全国一斉学力テストの実施に至った理由のひとつが、いわゆる「学力低下論争」です。これは、98年の文部科学省の学習指導要領の改定によって、「ゆとり教育」が導入され、それにともなって子どもたちの学力が低下したのではないかという議論に起因するものでした。

そして、「学力低下論争」に拍車をかけたのが、03年のOECDの「生徒の学習到達度調査」（PISA）の結果でした。1章で示した子どもの貧困に関する国際調査には参加していない日本ですが、このPISAには積極的で、第1回の00年の調査から参加をしています。そして、第2回の03年では、第1回に比べ読解力が大幅に低下し（8位から14位）、数学や理科の学力も低下傾向にあったと文部科学省は指摘しています。そうした文部科学省の見解に基づいて、マスコミ各社も子どもたちの学力低下を報道しました。

しかし、文部科学省の分析結果に異を唱える研究者もいます。たとえば、PISAでトップの成績を残しているフィンランドの教育を紹介している福田誠治氏は、PISA2003の日本の結果について、読解力の落ち込みはあるものの他の領域は上位にあるとし、また他の国際調査の結果も同時に分析することで以下のように述べています。

「日本の子どもたちは家庭で勉強しない割には成績がよい。また、勉強意欲も低いにもかかわらず、不本意ながらも短時間で効率よく勉強し、平均点では好成績をあげている。これらの結果からすると、これまでの日本の学校教育の成果、したがって、日本の教師の努力の成果は高いといえよう。日本のマスコミは、まず、日本の学校と教師の快挙をほめたたえるべきであった。もしここで、日本の学校の良さを壊して、教育を競争主義の市場原理に委ねるならば、アメリカ並みの低学力しか約束されないだろう」

（『競争やめたら学力世界一――フィンランド教育の成功』）

ちなみに、アメリカのＰＩＳＡ２００３の結果ですが、参加40ヵ国中、数学28位、読解力18位です。

しかし、福田氏はＰＩＳＡの結果のなかで、学力の格差が目立ってきていることも併せて指摘しています。次ページの**表3―1**は、読解力について、調査に参加した生徒の成績を6つのレベル（成績の良いレベル5からレベル1未満まで）に分類し、それぞれの国の生徒が各レベルにどれほどの割合でいるかを示したものです。00年と03年の結果を載せています。

これを見ていただくと、00年にはスコアの低いレベル1未満の生徒は、日本ではわずか2・7％でしたが、03年では7・4％に増えています。レベル1や2の生徒の割合も増えて

表3-1　PISA読解力における習熟度レベル別の生徒の割合

[PISA 2000]　　(%)

順位	国名＼レベル	1未満	1	2	3	4	5	～1	3～
1	フィンランド	1.7	5.2	14.3	28.7	31.6	18.5	6.9	78.8
2	カナダ	2.4	7.2	18.0	28.0	27.7	16.8	9.6	72.5
3	ニュージーランド	4.8	8.9	17.2	24.6	25.8	18.7	13.7	69.1
6	韓　国	0.9	4.8	18.6	38.8	31.1	5.7	5.7	75.6
8	日　本	**2.7**	**7.3**	**18.0**	**33.3**	**28.8**	**9.9**	**10.0**	**72.0**
15	アメリカ	6.4	11.5	21.0	27.4	21.5	12.2	17.9	61.1
21	ドイツ	9.9	12.7	22.3	26.8	19.4	8.8	22.6	55.0
	OECD平均	**6.0**	**11.9**	**21.7**	**28.7**	**22.3**	**9.5**	**17.9**	**60.5**

[PISA 2003]　　(%)

順位	国名＼レベル	1未満	1	2	3	4	5	～1	3～
1	フィンランド	1.1	4.6	14.6	31.7	33.4	14.7	5.7	79.8
2	韓　国	1.4	5.4	16.8	33.5	30.8	12.2	6.8	76.5
3	カナダ	2.3	7.3	18.3	31.0	28.6	12.6	9.6	72.2
6	ニュージーランド	4.8	9.7	18.5	26.3	24.3	16.3	14.5	66.9
14	日　本	**7.4**	**11.6**	**20.9**	**27.2**	**23.2**	**9.7**	**19.0**	**60.1**
18	アメリカ	6.5	12.9	22.7	27.8	20.8	9.3	19.4	57.9
21	ドイツ	9.3	13.0	19.8	26.3	21.9	9.6	22.3	57.8
	OECD平均	**6.7**	**12.4**	**22.8**	**28.7**	**21.3**	**8.3**	**19.1**	**58.3**

注）点数区分は、レベル1未満（335点未満）、レベル1（335～）、レベル2（408～）、レベル3（481～）、レベル4（553～）、レベル5（626～）

出所）国立教育政策研究所編『生きるための知識と技能』ぎょうせい、2002年、および同編『生きるための知識と技能②』ぎょうせい、2004年より作成

いるので、明らかに低学力の生徒が増加しているのです。

福田氏も掲載している次ページの図3―1はさらに考えさせられるものです。この図は、日本など4ヵ国ごとの読解力の下位5％、10％、25％、上位25％、10％、5％の各点にいる生徒のスコアが各点のOECDの平均とどれほど違うかを表すものです。これによって低得点グループと高得点グループの得点の隔たりが、他国と比較することで見えてきます。

00年では、日本の低得点グループはOECD全体の平均と比べると高いスコアを獲得していたことになります。ところが、03年ではOECD全体の平均より低くなり、高得点グループとの差が開いていることが韓国やフィンランドと比較することで見えてきます。福田氏は、日本が徐々にアメリカ型の教育格差社会に近づいていることを指摘しています。

もう一点、日本ではあまり知られていないようですが、実はPISA2003の報告書では、生徒の家庭背景とスコアとの関係を分析しているのです。

各生徒の家庭背景は、生徒自身に質問をすることで、父母の「職業」と「学歴」、家庭内に静かに勉強ができる場所があるかどうかなどの「家庭の学習リソース」や、美術品や文学作品があるかどうかの「家庭におけるクラシックな文化的所有物」を調べています。

日本における、以上の4つの指標（「職業」「学歴」「家庭の学習リソース」「家庭における

図3-1　PISA総合読解力得点分布と平均値との差

[PISA 2000]

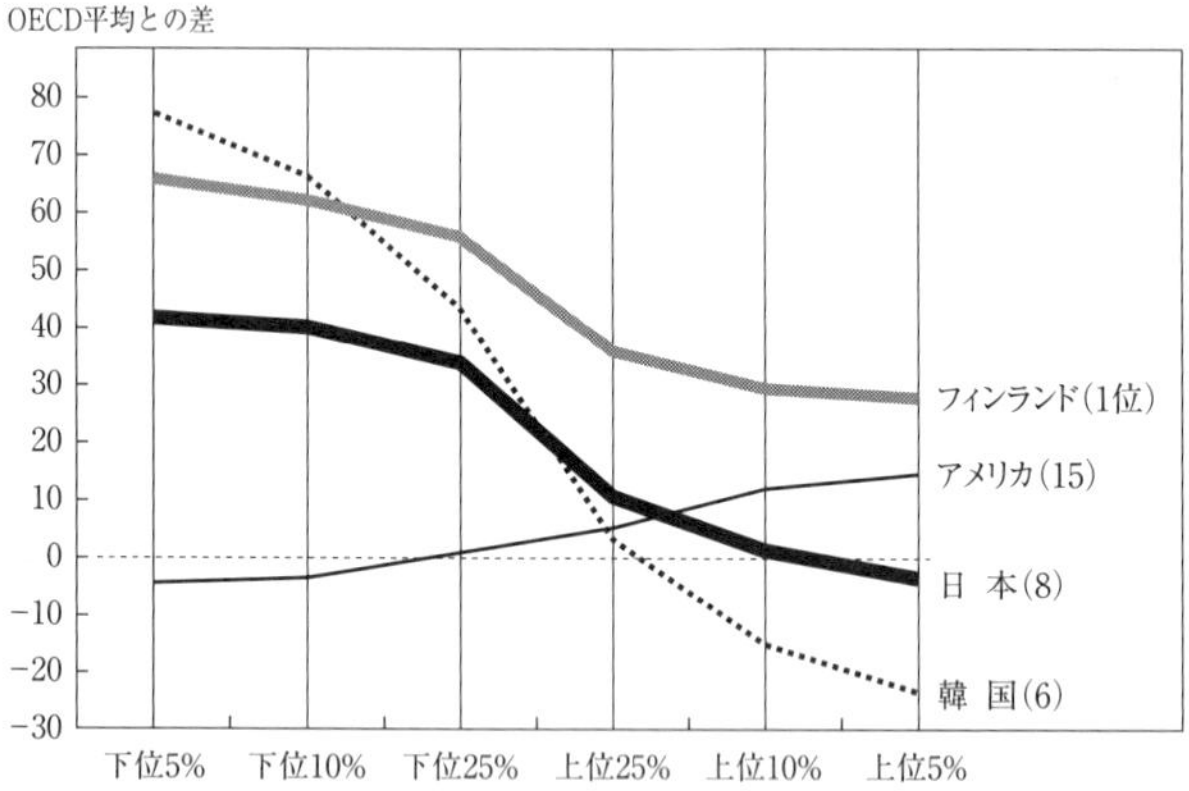

[PISA 2003]

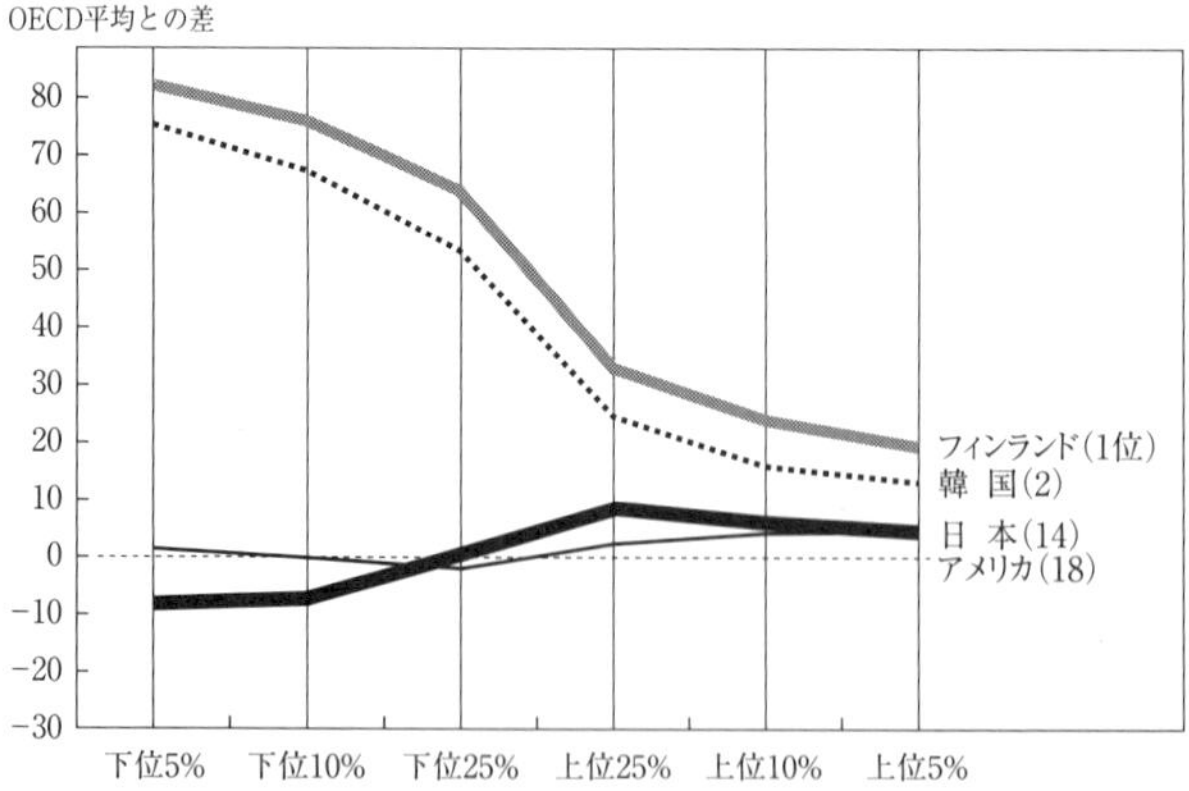

出所）国立教育政策研究所編『生きるための知識と技能』ぎょうせい、2002年、および同編『生きるための知識と技能②』ぎょうせい、2004年より作成

図3-2　PISA2003数学的リテラシー得点と社会経済文化的背景との関連性

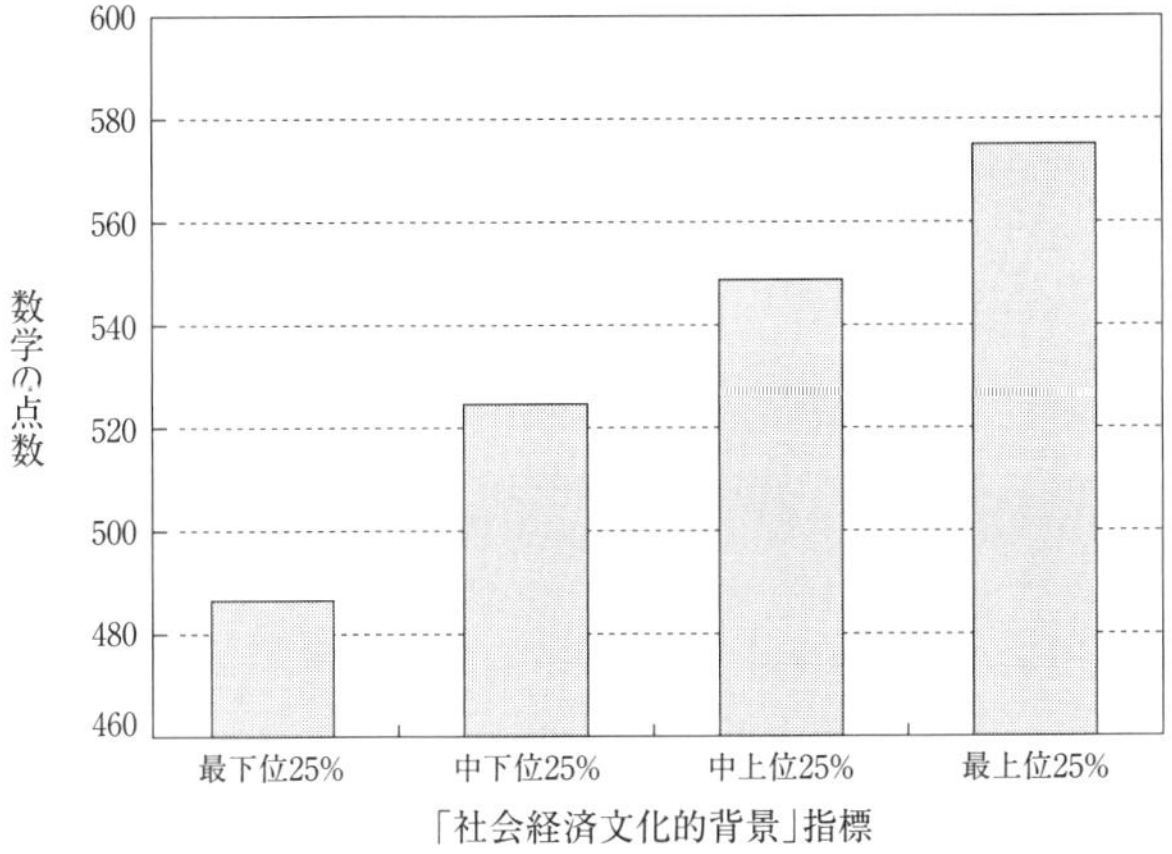

出所）国立教育政策研究所編『生きるための知識と技能②』ぎょうせい、2004年より作成

クラシックな文化的所有物」）を用いて、「生徒の社会経済文化的背景」指標を構成し、それと生徒の数学の得点との関係を表すのが**図3—2**です。

これを見ると、「社会経済文化的背景」指標が高いと数学の得点も明らかに高くなっており強い相関関係が推測されます。とくに、最下位25％のグループのスコアがひどく落ち込んでいることがわかります。日本においても、子どもたちの学力に、家庭的な背景が大きな格差として現れていることが見られます。

教育社会学の研究——親の所得を含んだ研究

ＰＩＳＡの研究以外にも、学力格差の進行や、それと家庭の社会経済的な背景との関連

図3-3　世帯所得別の算数学力平均値(JELS2003)

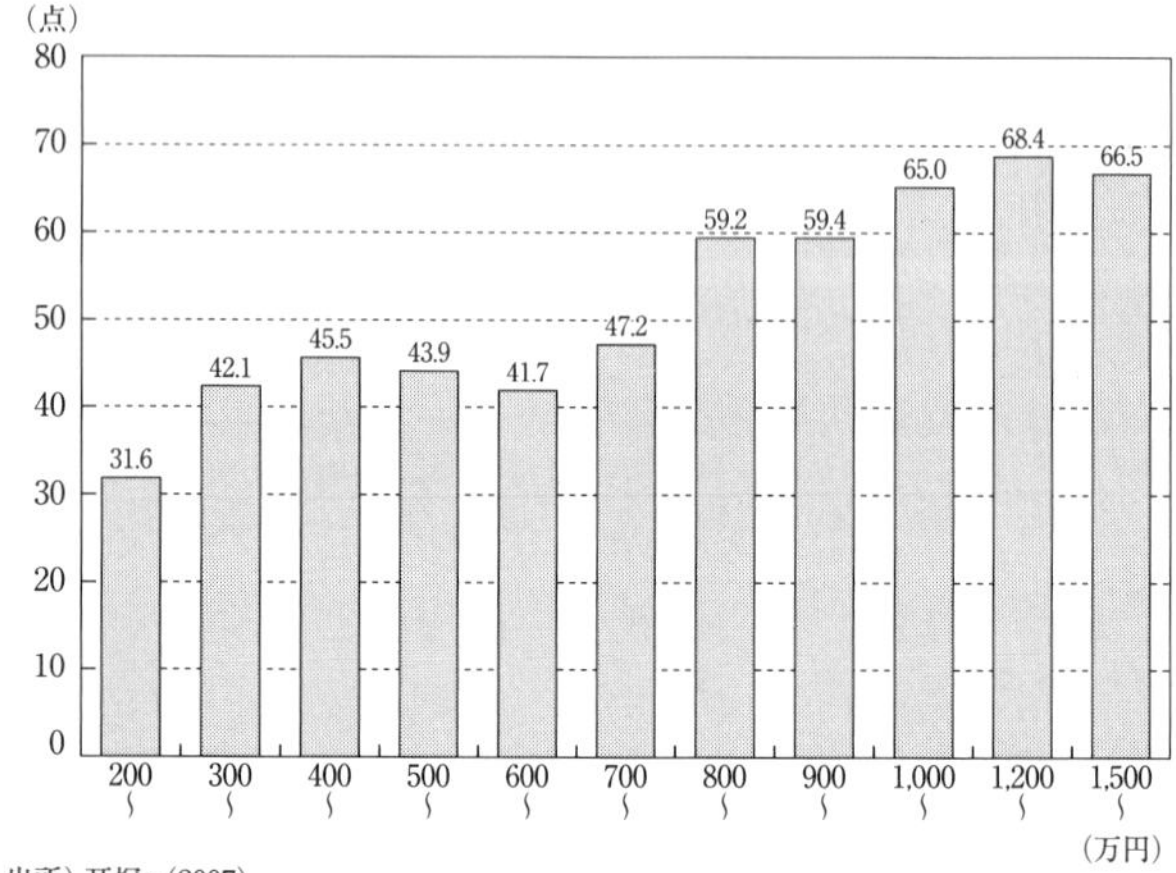

出所) 耳塚a(2007)

性を指摘する日本の研究者たちがいます。お茶の水女子大学の耳塚寛明氏などの教育社会学のグループです。

耳塚氏が中心となって行ったお茶の水女子大学の研究（ＪＥＬＳ２００３）は、日本ではじめて保護者の所得の指標までも含んだ研究です。

とくに、関東地方のある人口約25万の中都市に住む小学校6年生の算数学力テストの点数が、家庭背景や子どもの努力などによってどのように規定されているかについての分析結果は非常に興味深いものです。

ここでは、子ども自身に関わるもの（「家での学習時間」「性別」「受験塾への通塾」）と家庭背景に関わるもの（「父親の職業」「母親の学歴」「世帯所得」「学校外教育費支出」「保護者学歴期待」）が、それぞれどれほどの影響力を持っているかを探っています。

世帯の所得と子どものテストの点数の関連性だけを取り出してみると、この研究からは、**図3―3**のように、ふたつの変数が大きく関連していることがわかります。とくに300万円以下の所得での落ち込み具合は顕著です。

しかし、所得のみとの関連性では、たとえば、学歴の高い親の方が所得は高いはずなので、親の学歴の影響力を考慮に入れると、所得の影響力は薄れてしまうかもしれません。つまり、図3―3は変数間の見かけの相関を表しているだけかもしれません。また、学歴や所得などの家庭背景以上に、家庭で何時間勉強しているかという、子ども自身の努力によって、テストの点数は左右されているかもしれません。

この研究のなかには、重回帰分析という統計的な手法を用いて、家庭背景などの影響を一定であると仮定した場合の、子どもの努力の影響力を取り出した結果が掲載されています。また、そこからは、他の要因の影響をコントロールした（取り除いた）場合の、所得独自の影響力を見ることができます。

次ページの**表3―2**がその結果です。この表の数字は、標準化偏回帰係数というものです

表3-2　算数学力を規定する要因（重回帰分析）
：標準化偏回帰係数

要因	モデル1	モデル2
家での学習時間・分	0.328***	0.146*
性別	0.135*	0.118*
受験塾への通塾	0.252***	0.192**
父親の職業		0.045
母親の学歴		0.119*
世帯所得		0.145*
学校外教育費支出		0.149*
保護者の学歴期待		0.157**
調整済みR2乗値	0.291	0.406

***p<.001　**p<.01　*p<.05

出所）耳塚b（2007）より作成

が、簡単に言えば、数値（絶対値）が大きければ大きいほど、結果（ここでは、子どものテスト結果）に対する各要因の影響力が強いことを表します。こうして各要因の影響力を比較することが可能となります。

　また、ここでは家庭背景を考慮しない場合と考慮に入れる場合で、子どもの努力などの影響力の大きさ（標準化偏回帰係数）がどう変わってくるかを比較するために、モデル1、モデル2として表しています。つまり、モデル1ではまだ家庭背景は考慮（コントロール）されておらず、モデル2ではじめてコントロールされています。

　まず、この研究からは、モデル1とモデル2の数字を比較することから、保護者の学歴期待や世帯の所得などの家庭背景の指標が、子どもの学力を規定する上で重要な要素になっていることがわかります。

たしかに、子どもの努力を表す学習時間の長さも大きな影響力を持っています。しかし、家庭背景を考慮に入れた後では、子どもの努力の影響力はかなり落ちます。つまり、子どもの努力による学力の効果というものは、家庭背景の影響のもとに生み出されていた可能性を示しているのです。

2章で指摘してきたように、これまで日本では社会的な階層ではなく、その人の努力によって学校の成績が規定されている業績社会だと長い間信じられてきました。ところが、この研究が示すのは、子ども自身の努力の成果と見えていたものが、実はかなり家庭背景によって影響を受けているという点です。

つまり、社会的低階層の子どもたちと社会的高階層の子どもたちの間には、学力獲得にあたって、スタート時点における家庭背景という明らかな差が見られるのです。同じ学力レベルに到達するために、社会的低階層の子どもたちはより多くの努力を必要としていることをこの研究は示しています。

しかも、世帯の所得の指標を導入したことで、さらに家庭背景が大きな影響力を持っていることを示すことができています。たしかに、世帯の所得そのものの影響力の大きさは5番目に過ぎませんが、標準化偏回帰係数は他と比べてもけっして小さなものではありません。

その上、受験塾への通塾や学校外教育費支出は世帯の所得の影響を受けている可能性があり、間接的に世帯所得が子どものテストの点数に影響を与えている部分も大きいはずです。

親の学歴・職業か親の所得か

たしかに、母親の学歴や父親の職業にも、所得同様に間接的な影響力を考えることができるかもしれません。しかし、ここで大切なのは、少なくともこの研究では所得に比べ学歴や職業の影響力が少ないとされる点です（とくに、父親の職業は統計的に有意ではありませんでした）。実は、これまでの教育社会学の研究では、日本においては世帯の所得以上に、親の学歴・職業の方が大きな影響をおよぼしているのではないかと考えられてきたようなのです。そうした意味で、この研究はとても重要な意義を持っているのだと思います。

親の学歴・職業の影響が大きいか、親の所得の影響が大きいかという議論は、細かな話のように思えるのですが、実は貧困と子どもの学力の関係を見ていく時に重要な意味があるのです。

ひとつには、2章で見た「文化的なもの」（親の学歴・職業）対「経済的なもの」（所得）の議論がここには隠れているのです。

たとえば、親の学歴は親が経験してきた学校（幼稚園から大学まで）での教育という文化をより強く表していると考えられます。一方、親の所得は現在の家族が置かれている経済状況をそのままに表していると考えることができます。また、人的資本論から見ても、親の学歴・職業は親のそれまでの努力の積み重ねによってもたらされたものとして、現在の所得以上に子どもたちの学力に大きな影響力を持っているはずだとなります。

また、たしかに、親の学歴と所得はある程度の関連性があるはずですが、親の学歴は親自身というより親の親、つまり一世代前の所得の方がより強く関連性があるはずです。

さらには、どちらがより強く関連性があるかによって、子どもの発達や親子関係のあり方と貧困との深い関連性を解消していく上で、そのめざすべき方法論が変わってくる可能性があります。

つまり、仮に親の学歴などの文化・習慣の問題の方がより強く関連性があるのであれば、親に対する子育て指導などの教育的な援助がまずは必要となるし、経済的なものがより強く関連しているのであれば、親の所得をどう増やすかを第一義的に考えていかなければなりません（誤解がないようにここで言っておきますが、もちろん子どもの発達を考える時にはどちらの方法も必要です。問題は方法の濃淡やプライオリティの点です）。

ＪＥＬＳ２００３の限界と次章以降への課題

このＪＥＬＳ２００３の研究は、画期的なものですが、少々欠点を持っているのです。調査が、保護者の任意によるアンケート回答によったためか、実はこの研究に参加した保護者はやや高所得の方に偏っていたのです。

こうしたことで、１章で示したような貧困ライン以下の世帯（たとえば、３人世帯で年収２３９万円以下）における、家庭背景の影響を十分に見ることはできません。本書のテーマである貧困という問題を掘り下げていくためには、貧困ライン以下の世帯を含んだ研究がぜひとも必要です。

また、この研究では世帯の経済力（おもに所得）が重要な影響力をおよぼしていることが示されましたが、それがどのように子どもたちの成績に影響をおよぼしているかはまだ検討されていません。こうしたプロセスに関する研究は大切ですし、アメリカでは多くの研究が行われています。

次に、これはＪＥＬＳ２００３の欠点ではないのですが、貧困な家庭における子どもの発達を考えるとき、学校に入学する前の影響の違いを考えることはとても大切な気がします。

子どもたちの発達は学校教育からも大きな影響を受けます。良い学校教育を受けているかどうかは大きな要素でしょう。

逆に言えば、学校の影響のまだない、つまりは家庭の影響をもろに受ける可能性のある、乳幼児期の発達を考えることは貧困な子どもたちにとって非常に意味のあることだと思うのです。また、乳幼児期の経済的な状況による発達の格差に注目することで、JELS2003でも認められた学校入学後の貧困な子どもたちが抱えるハンディキャップの意味がより鮮明に見えてくるかもしれません。

もう一点、これは言わずもがなのことかもしれないのですが、貧困が子どもたちに与える影響は、学力のような知的な発達面だけではありません。身体面にも情緒面にも与えます。残念ながら日本ではそうした研究はまったくありません。次の章で示されるアメリカでの研究は、私たちがこれからこうした領域について考えていく時に、大切なフレームワークを与えてくれるような気がします。

児童虐待と貧困

では、話題を本章のもうひとつのテーマに移します。

児童虐待は、子どもたちの発達に多大な影響を与えます。

よく知られているのは、トラウマという概念に代表される情緒的な影響ですが、それ以外にも、身体の発達が遅れたり、知的な発達にさえ影響を与える可能性もあります。

一方で、児童虐待問題が貧困問題と深い関連性を持っていることは、日本ではあまり知られていないかもしれません。日本における児童虐待の理解は、親自身が自らの子ども時代に児童虐待を受けた経験があり、その影響で自らも虐待してしまうという世代間虐待連鎖や、アルコール依存などと同様に、子どもへの暴力を強迫的に繰り返してしまう衝動性をコントロールできないなどの病理的側面から、児童虐待の原因を考えることが主流です。

しかし、アメリカでは、児童虐待が貧困な家庭で起きやすいことは、専門家の間ではかなりコンセンサスが得られているのです。90年から始まった日本の厚生労働省にあたる米国保健福祉省の児童虐待とネグレクトに関する委員会（The U.S. Advisory Board on Child Abuse and Neglect）の第1回報告書には、次のような記述があります。

「児童虐待は、すべての社会階層やあらゆる文化グループ内で起きるが、虐待通報事例は、生活上のストレスをもたらす様々な要因に対して最も晒《さら》されやすく最も脆弱な人々の間で極端に多くの割合で起きる。（中略）貧困が児童虐待を起こりやすくしているという証拠は強固である」

こうしたコンセンサスに至った要因のひとつが、米国保健福祉省が70年代からこれまでに4回行っている全国調査の結果です。毎回この調査では、児童虐待と貧困は強い関連性を示してきました。

第4回調査（05年）は、まだ結果が出ていません。第3回調査（95年）の結果によれば、貧困ライン以下の所得しか得ていない家庭の子どもたちは、所得が平均的所得以上の豊かな家庭の子どもたちに比べ、なんと約25倍もの高さで児童虐待・ネグレクトの危険に晒されており、貧困ラインと平均的所得の間にある中間的な所得の家庭の子どもたちと比べても約3倍の危険性のなかに暮らしているのです。

さらに、児童虐待・ネグレクトのどの範疇《はんちゅう》においても、こうした違いは見られ、最も経済的な関連性が低いと見られがちな性的虐待に関しても、所得が平均的所得以上の豊かな家庭と比べ、貧困な家庭には18倍もの危険があります。最も関連性が高いネグレクトに関しては、なんと45倍もの違いになっています。

また、深刻なケースほど、こうした関連性は深まりますが、最も深刻な児童虐待である死亡事例数を分析したＵＣＬＡのリンゼイは、次ページの**図3―4**のようなショッキングな結

図3-4　米国における児童虐待死亡数と家族の経済状況

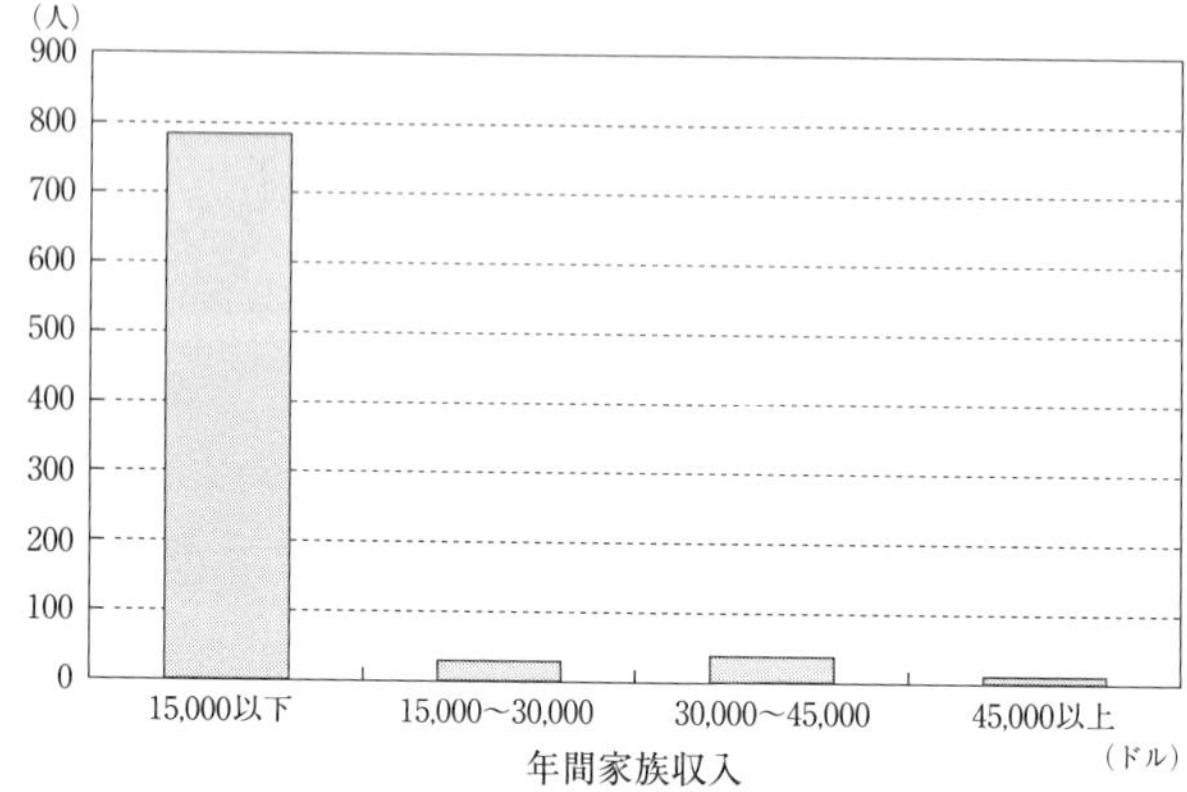

注）15,000ドルは1996年の4人家族の貧困ラインに近い。30,000ドルは当時の4人家族の平均的な所得に近い

資料）U.S. Department of Health and Human Services.（1996）よりLindseyが作成

出所）Lindsey（2004）

果を公表しています。

アメリカは、たしかに「貧困大国」であると同時に「虐待大国」でもあります。日本と比較しても、子どもの人口は3倍ほどしか違わないのに、児童虐待の発生数そのものが30倍も多く、児童虐待で亡くなってしまう子どもたちの数も年間概算で1530人（06年）にもおよびます（日本は60人ほど、心中を入れても120人ほどです）。

日本における児童虐待と貧困の関連性

実は、あまり注目されていませんが、日本でも児童虐待と貧困との関連性を示す調査や研究がすでにいくつか存在して

表3-3　虐待を受けた子どもたちの家庭状況

家庭の状況		あわせて見られる他の状況上位3つ		
		①	②	③
1　ひとり親家庭	460件（31.8%）	経済的困難	孤　立	就労の不安定
2　経済的困難	446件（30.8%）	ひとり親家庭	孤　立	就労の不安定
3　孤　立	341件（23.6%）	経済的困難	ひとり親家庭	就労の不安定
4　夫婦間不和	295件（20.4%）	経済的困難	孤　立	育児疲れ
5　育児疲れ	261件（18.0%）	経済的困難	ひとり親家庭	孤　立

出所）東京都福祉局（2005）

います。

まず、東京都福祉局は、平成15年度に児童相談所が児童虐待と判断したすべてのケースの1447家庭（きょうだいによる重複を除く）を分析し、ひとり親家庭（31・8%）、経済的困難を抱える家庭（30・8%）が多く、その割合も3年前の調査と比べ増えていると報告しています。また、**表3―3**のように、経済的困難以外の状況（親族・近隣等からの孤立など）を持つ家庭でも、経済的困難を同時に強く持っていることがわかります。

栃木県内の医療機関を含むすべての児童福祉関係機関あてのアンケート調査を行った下泉秀夫氏は、平成11年度に各機関が把握した児童虐待ケース（サンプル数658）を分析しています。このなかでは、家庭の経済状態が「苦しい」（50・6%）と生活保護（14・4%）ケースが存在することが把握されています。

平成6年度から平成13年度までの青森県内の児童相談所に寄せられた全相談事例（サンプル数1033）を分析した益田早苗氏らは、「経済的困窮がある」家庭が約6割弱を占めており、生活保護世帯も約2割弱が認められたとしています。

大規模な子育て実態調査において、経済状況と子育ての負担感などの関連性を示す研究もあります。大阪府の保健所長を歴任した原田正文氏は、兵庫県西部の中核市において、合計約4300人の乳幼児（生後4ヵ月から3歳）を持つ親たちに、乳幼児健診などの機会を通じてアンケートを行い、児童虐待発生要因を分析する調査を行っています。

このなかでは、「お子さんの世話のために、かなり自由が制限されていると感じることがありますか」などの質問で尋ねる「育児負担感」と、「お子さんを大きな声で叱ることはありますか」などの質問で尋ねる「不適切な養育」の傾向の高さが、「経済的に苦しい」生活を送っていると感じる親たちの間で、統計的に有意に見られるとされています。

また、3県の17児童相談所が平成14年度に子どもの保護を実施した501ケースを分析した日本子ども家庭総合研究所の高橋重宏氏らの研究では、個々の各家庭の経済状況を課税状況という形で客観的に拾い上げて分析しているので非常に意義深いものです。

通常、子どもを保護する場合は、深刻な児童虐待ケースが多いため、そうした家庭の経済状況をこの研究では垣間見ることができます。

表3―4から推察すると、明らかに全体的に所得が低いことが見て取れます。このなかで、「生活保護」世帯は、所得が国の定める基準額以下であると行政機関から認定された貧困家庭であると言えるでしょう。「市町村民税非課税」・「所得税非課税」・「所得税課税」世帯とは、その世帯の所得をベースに、国や市町村の定めた基準から税額が割り出されたものですが、「所得税非課税」とは、税額が0円の家庭であって、そのなかでもさらに所得が低い世帯が「市町村民税非課税」と認められます。よって、「生活保護」・「市町村民税非課税」・「所得税非課税」世帯は、わが国の家計の標準状況からすると、明らかに低所得の世帯と考えられます。

この調査では「生活保護」世帯が20％弱あり、さらに「市町村民税非課税」「所得税非課税」世帯を合わせると、約45％をこうした低所得家庭が占めていることになります。「所得税課税」世帯は、約24％でしかないです。また、経済状況が不明な家族（「不明」「無回答」）を除い

表3-4　児童虐待と家族の経済状況
（課税区分を基準として）

	実数	％
生活保護	99	19.8
市町村民税非課税	96	19.2
所得税非課税	29	5.8
所得税課税	118	23.6
不明	154	30.7
無回答	5	1.0
合計	501	100.0

出所）高橋他（2003）

て再計算すると、「生活保護」「市町村民税非課税」「所得税非課税」の低所得世帯は、なんと約65％を占めていることになります。

さらに、「生活保護」世帯にのみ注目すると、調査が実施された平成14年度に生活保護を受給している子どもたちは、子どもたち全体の1％以下でしかありません。ところが、この調査では、20％に近い数字（経済状況が不明な家族を除いて再計算すれば約29％）で「生活保護」世帯が存在しており、少なくとも20倍以上の差が見られるのです。

また、この高橋氏らの調査においては、親の最終学歴（中退を除く）を尋ねています。父親の学歴はかなり無回答が多く統計的には問題ですが、母親の学歴は、無回答を除き再計算すると、中学校卒業が51％、高校卒業が40％、大学卒業が1％となっています。

高校進学率は、現在の多くの親たちが中学卒業を迎えた、80年代以降は95％を超えています。また、大学や短大への進学率も80年代後半には3割を超え、現在では45％にもなっています。たしかに、中退者の数も考慮に入れなければなりませんが、それでもこの数字は一般人口の進学状況等と比較すると、かなりの差があると言えるでしょう。

高橋氏らの調査からは、世帯類型ではひとり親家庭が多くを占めていることがわかります。母子のみの家庭（約30％）、父子のみの家庭（約6％）で合計36％になります。日本全体のひとり親家庭は、年々増えているとはいえ、子どものいる家庭のなかでわずか5%でしかありません（「平成15年全国母子世帯等調査」）。

先ほどアメリカの例で、児童虐待による死亡事件の統計に触れました。実は、日本でも死亡事件についての調査が報告されています。厚生労働省の専門委員会は、04年に虐待で死亡した53人の子どもたちの家庭状況等を調べています。サンプル数が少なく未記入（23例）がやや多いですが、未記入を除くと生活保護世帯が13%、市町村民税非課税世帯が30%を占め、やはり低所得家庭が多いことが目立ちます。また、実父の約3割が無職またはパート勤務でした（「児童虐待等要保護事例の検証に関する専門委員会第2次報告」）。

家族が抱える語りきれない苦労

ここで、ぜひとも強調しておきたいことがあります。

多くの貧困な家庭では、児童虐待は起きないという当たり前のことです。むしろ経済的に四苦八苦しながらも、温かな養育環境を維持し頑張っている家庭が、大多数を占めていることははっきりしています。私自身の児童福祉司の経験のなかからもそう実感できることが多いのです。また、経済的に豊かな家庭においても、もちろん児童虐待は発生します。

貧困の問題が児童虐待に深く関連しているということが意味するのは、社会経済的な家庭状況の差によって、児童虐待が発生する頻度や深刻さに、これまで述べてきたような違いが見られるということでしかありません。

しかし、私は、児童虐待があるとされた家族と出会い、それまでの生活史を聞く機会に接するたびに、経済的なことを主とした生活上の苦労を経験してきた家族が、あまりに多いことに気づかされてきました。彼らは、語りきれない過去を背負いながら、現在までも継続した苦労のなかで生きています。その辛酸のようなものは、時に、私たち児童福祉司にも想像できないほどの重みを持っているのです。

子どものことを精神的に受け入れることができないために、現在、児童養護施設に子どもを入所させているあるお母さんは、以前、夫のＤＶから逃れるために、おなかに赤ちゃんを抱えながら寒い冬場にホームレスをしていたことがあると話をしてくれました。ＤＶ被害者のためのシェルターなどの存在も知っていたのですが、自分が利用できるとは思いもしなかったそうです。

ネグレクトで近隣から通報を受けた父子家庭のお父さんは、海外からの難民で、言葉も不自由だったのですが、市役所に保育所利用の申請をしても、半年間も待たなければなりませんでした。お父さんは、子どもを児童養護施設などに預ける気持ちにどうしてもなれず、それまで勤めていた仕事を辞め、数ヵ月間くず鉄拾いなどをして飢えをしのいでいたのでした。

経済的に依存しているヤクザの夫と別れるために、刃傷沙汰を経験してきたお母さんがいました。その子どもが身体的な虐待を受けていると、学校から通報された後に、面接を数回重ね、ある時その頃のことをお母さんは私に詳細に話してくれました。その腕の傷を見せてくれながら「この話って、小説にしたら売れるかな」と明るく振る舞い語っていました。

この本の「はじめに」で述べた、タクヤとおばあちゃんは、時々お金がなくなると食べるものにも困っていましたが、つねに節約を心がけていました。そのため、冬でもほとんどストーブも使わずに寒さをしのいでいました。クラスで攻撃的なところがあったり、着ている衣類が清潔にされていなかったりすると、時々タクヤについて学校から連絡が入りました。

このような話が例示するように、児童虐待の加害者とされる親御さんたちは、人生のどこかで、また現在も、さまざまな苦しみや困難のなかで生活しているのです。ある意味、彼らは、日本という社会制度の被害者でもあり、その結果生じているのが児童虐待という現象なのかもしれません。

こうして考えてくると、児童虐待の問題と貧困の問題は、どこかで根っこが同じもののような気がします。２章で述べたように、貧困について私たちは、どうしても個人の責任や心理的傾向という文化的な視点から、原因を探ってしまいがちです。

児童虐待にしても同じです。虐待の世代間連鎖や病理的な側面から児童虐待を見ていくことは、たしかにある理解を私たちに与えてくれるかもしれませんが、それのみではいま述べてきたような家族の姿との「ずれ」が生じてしまいます。その「ずれ」は、解決のための方策にも影響を与えてしまいます。

私が長年参加している、児童相談業務に携わるソーシャルワーカーなどの自主的な研究会である全国児童相談研究会（児相研）が03年に出した、「児童虐待防止法見直しに関する私たちの見解」には、次のような一節があります。

「私たちは、従来から『児童相談所で応じているさまざまな相談の背景には、共通して養護の問題が潜んでいる』と考えてきました。ここで言う養護問題とは、広い意味でも貧困問題ととらえることができますが、児童虐待の背景には、しばしば非常に深刻かつ複雑な養護問題が隠されています」

この見解をまとめるにあたって尽力された川﨑二三彦氏が語るように（『児童虐待――現場からの提言』岩波新書）、こうした家族の社会経済的な背景などを考えれば「単に親を責めるだけでは到底解決には至らない」はずです。そうではなくて、児相研の見解が示すように、遠回りに思えても「貧困対策や雇用対策をはじめとした国民生活支援に、思い切って社会的なコスト」をかけていかなければならないのだと思うのです。

アメリカの教訓と私の渡米理由

私や児相研の主張は、実はアメリカ社会が経験してきた教訓とも一致するような気がします。

アメリカが、60年代という早い時期から児童虐待の問題に社会として真剣に取り組み、世界に先駆けて、厳格な通報システムを法的に定め、実務的に運用していることをご存知の方も多いでしょう。

しかし、こうして導入された厳格な通報システムが、児童虐待の予防にどこまで効果を上げているかを疑問に思う研究者もいるのです。先ほどの児童虐待死と家族の所得の関係性を調べたリンゼイは、さらに時系列で児童虐待死の数を調べていくと、通報システムが整備され通報数が急増した60年代の後も、児童虐待死はまったく減少せず逆に増加していることを見出すのです。

結局、リンゼイや、その盟友であるペルトン（その主要論文の抄訳が上野加代子編著『児童虐待のポリティクス――「こころ」の問題から「社会」の問題へ』という本に収められている）は、児童虐待を予防するためには、まず子どもたちの貧困の問題に積極的に取り組むことの方が先決であると主張するのです。児童虐待を発見し子どもを保護することにエネルギーを注ぎ込むのではなく、貧困な家族が十分な子育てをできるように、経済的な支援を含めた具体的な家族福祉サービスを積極的に行うことが第一義だとするわけです。

ところが、アメリカは国家として家庭福祉全般へはあまり多くのお金を使おうとせず（1章で見たとおりです）、児童虐待の施策のみに膨大な資金とエネルギーを注ぎ込んできました。毎年、１００億ドル（日本円で約１兆円）以上の予算が児童虐待問題に使われています。そうした施策の行き違いや「ずれ」が、結局児童虐待問題を複雑にさせ、解決の糸口を見出せない状態にしているのかもしれません。

アメリカの児童虐待対策は、こうした「ずれ」を歴史的に抱えています。日本でも施策の「ずれ」が生じ始めていると私は感じています。

実は、私がアメリカの大学院でソーシャルワークを学び直し、児童保護局などでインターンをしてみたいと思ったのも、こうした「ずれ」に対する疑問が自分のなかに積み重なってきたからでした。

児童虐待の問題が、社会的注目を浴びるようになってきてから、救われた子どもたちはたしかに増えたはずです。しかし、私が出会ってきた前記のような家族の状況を振り返ってみると、これまで日本で語られることの多い家族の病理的な側面に対する介入だけでは、家族が児童虐待問題を起こしてしまう原因を取り去ることは難しいのではないかと思い至るようになったのです。

児童虐待問題対策や貧困問題についての研究に長い歴史のあるアメリカでは、児童虐待と貧困問題の関連性についてはどのように語られているか、またその関連性に対してどのような対策が練られているのか。私が渡米した目的のひとつは、そうした点についての情報を得たいためでした。

渡米後、児童虐待問題だけでなく、子どもの発達や家族の状況そのものと家族の貧困問題の関連性を示す研究が、アメリカでは数多く積み重ねられていることに私は気づきました。それら複数の研究をもとに、自分の仕事などで出会った子どもたちや家族の貧困問題を振り返ってみたいと思ったのが、この本を書くきっかけです。

次章への課題

ここで見てきたように、貧困と児童虐待は強い相関関係にある事象と言えるでしょう。だからと言って、「お金に困っている」から子どもを虐待したり放置したりするという単純なものではないでしょう。そこには、なんらかのプロセスがあるはずです。ところが、日本ではそうしたプロセスはまったくわかっていません。

実は、このプロセスの方がより大切なのですが、その点に関する研究はまったくなされていないのです。

私が貧困と子どもの発達をアメリカで文献研究しながら、いつも念頭にあったことは、この貧困と児童虐待をつなぐプロセスについてでした。この本の5章では、貧困問題がどのように子どもの発達問題につながるのかをアメリカの研究を中心に見ていきますが、それらはそのままでも児童虐待問題に応用できるものだと思っています。

子どもの学力問題、児童虐待問題と日常的にも話題として取り上げられる事象を振り返り、いくつかの日本の研究を検討することで何が見えてきたでしょうか?

まず一番には、学力のことにしても、児童虐待のことにしても、ある特定の子どもたちが不利な状況に陥りやすいということです。平等に見えていた日本でも、学力と児童虐待という日ごろ私たちが目にすることが多いトピックスを探ることだけでも、実は、ちょっと違う様態を私たちは感じ取ることができます。

さらには、子どもたちの学力問題にしても、児童虐待のような親子関係の問題にしても、「努力すればなんとかなる」という自己責任論で簡単に片づけられない部分を含んでいることがわかります。自己責任論の一番の問題は、2章で述べたように、ゲームのルールが見えなくなってしまうことです。ゲームのルールに私たちの目を向けていくためにも、貧困状況のなかにある子どもたちや家族の生活状況をもっと具体的に検証していく必要性があるのだと思います。

4章　脳・身体・こころへの影響

3章では、最近日本で話題になっている、子どもたちの学力や児童虐待の問題に貧困がどのように関係しているかを振り返ってみました。

もしかしたら、貧困というものが家族や子どもたちにおよぼす影響について、無関心にこれまで過ごしていたことに、少し気づいた方もいらっしゃったのではないでしょうか。

もちろん、それはひとつには、そうしたことをほとんどテーマにしてこなかった研究者やマスコミの怠慢にも責められるべき部分があるかもしれません。しかし、一方で私たちの日頃のまなざしを省みることも必要ではないでしょうか。すなわち、私たちのまなざしは、貧困を個人的な責任問題として見る社会的な潮流にそのまま流され、この重要な観点を見逃してしまっていたのかもしれません。

従来の視点を変化させていくためにも、この章では、引き続きアメリカでの研究を中心に振り返ることで、貧困がどういった影響を子どもたちに与えているかについて、考察を深めていきたいと思います。

ここで紹介する研究のいくつか（すべてではありません）は、アメリカで現在主流になっている追跡研究のデータを使ったものです。追跡研究とは、パネル研究などとも呼ばれるもので、調査対象となる特定の人々を無作為に決め、それらの人々を長期（数年間）にわたって数回面接するなどして調査を行うものです。こうした調査によって、時間を経ることで子どもたちや家族がどんなふうに変化していくかを追跡できるのです。

さらに、この章では私の日本やアメリカでの経験なども織り交ぜていきます。量的な研究が示す数値というものはそれだけでは意味をなしません。そこに、人間的な臭いのする言葉でいかに解釈を加えるかが大切であると私は考えます。

ハワイ・カウアイ島での研究

67年に発表された、ハワイ・カウアイ島での低体重児の成長に関する追跡研究は、その後の子どもたちの貧困と発達に関する研究の先駆けとなったもののひとつです。

実は、70年代ぐらいまでは、米国でも低体重など出産期にリスクを負った子どもたちの発達状況については、新生児期の疾病などの医学的な要因が最大の決定因であると多くの研究者に信じられてきたのです。カウアイ島での研究も、けっして母親たちの社会経済的な要因が、子どもたちの発達状況に深い関連性を持っていることを予想しての研究ではなかったようです。

この研究は、カウアイ島で生まれた826人の子どもたちを対象として行われた追跡調査です。子どもたちの民族の内訳は、日本人の子孫が3分の1を占め、ハワイアンは4分の1、白人たちは10分の1ほどでした（Werner 他）。

また、当時カウアイ島では医療保険もある程度完備され、公的な医療ケアサービスの状態も良好で、当時最も進んでいた本土のコミュニティの状態と遜色《そんしょく》がなかったとされています。

この研究では、子どもたちの「周産期の状況」と「環境要因」が、どのように「2歳時の発達状況」に関連しているかを調査しています。

子どもの「周産期の状況」としては、誕生時の体重などの指標に基づいて4つの問題の程度（「問題なし」「軽度」「中度」「重度」）に小児科医が分類しています。そのなかで、新生児の56％は問題が見られない状態でした。また、「軽度」は31％、「中度」は10％、「重度」は3％でした。

「環境要因」は、社会経済的状況、家族関係の安定度、母親の知的な能力の3つに分類されています。社会経済的状況は、父親の職業、家庭訪問によって観察された生活水準、家庭内の狭さなどによって測られています。子どもたちの「2歳時の発達状況」は、発達検査によるＩＱによって測られています。

図4―1によって結果を視覚的に表しています。この図の縦軸は、子どもの2歳時の発達検査のＩＱのスコアです。横軸は、周産期の子どもたちの状況を示しています（「問題なし」から「重度の問題」まで）。

さらに、3つの「環境要因」（社会経済的状況、家族関係の安定度、母親の知的な能力）ごとに、スコアの高いグループ（「ＨＩＧＨ」と示す）から、中位のグループ（「ＭＥＤＩＵＭ」）、低位グループ（「ＬＯＷ」）に分け、それぞれの子どもたちのＩＱと周産期の健康状況の関連性を示しています。合計9本の折れ線グラフができます。ちなみに各グループ間の極端なサンプル数の偏りはありません。

図4―1から見えるのは、子どもたちの周産期の状況が深刻であればあるほど、また、3

図4-1　乳児の発達と周産期の状況および環境要因の関連性

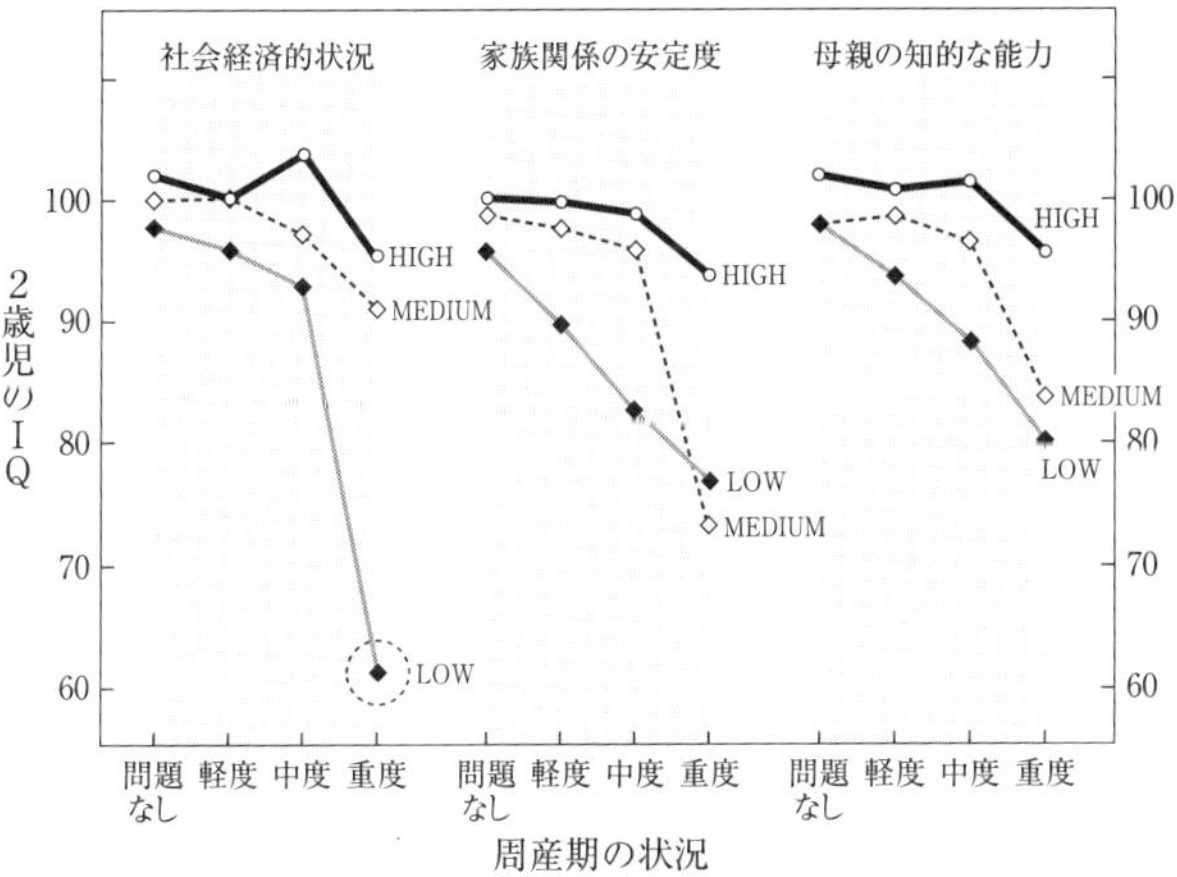

出所）Werner, et al.(1967)

つの環境状況が深刻であればあるほど、2歳時のIQは低くなっていることです。

とくに顕著なのは、図に丸で印をした、周産期の健康状況が「重度」で、社会経済的状況も最も低いグループの結果の深刻さです。

たしかに、社会経済的状況の低い貧困な子どもたちと豊かな子どもたちの間で、全般的にも結果に明確な差が見られます。しかし、子どもの周産期の状況が「中度」までは、たとえ貧困な子どもであっても、そうでない子どもとの差はほぼ10ポイント以下なのに（もちろんこの差も問題ですが）、周産期の状況が「重度」のスコアを示す子どもたちは、社会経済的な影響が加速度的に増してしまい、急激にスコアが落ちてしまいます。その差は

30ポイント以上になります。これは、他のふたつの環境要因と比べるとよりはっきりします。この研究は、それまで考えられてきた以上に、子どもたちが抱える貧困などの社会経済的な要因が、子どもの発達に大きな影響を与えている可能性を示しており、当時としては画期的なものであったと思います。

身体的影響

子どもたちの貧困は、子どもたちの身体をも蝕《むしば》む可能性があります。

子どもの身体的発達は、子どもの知的な能力や社会能力の基幹であり最も重要なものです。アメリカでは、子どもの身体の発達や健康に対して貧困問題が深い影響を表す研究結果を無数に挙げることができます。

いくつかを表にまとめてありますが、こんなものまで貧困と関係があるのかと思われるものもあるかもしれません。ただし、これらの多くは、さまざま要因をコントロール（考慮）していない研究によるものがほとんどであることにも注意をしてください。

先に、低体重児の発達に関する研究を見ましたが、**表4—1**にあるように、低体重児が生まれるリスク自体が貧困家庭で高いことは、アメリカではよく知られている事実です。また、

表4-1　貧困の身体的影響：貧困でない子どもとの比較

子どもの身体的状態	貧困な子どものリスク倍率
乳児期の死亡率 a	1.7倍
0歳から14歳までの死亡率 a	1.5倍
誕生時の低体重a	1.7倍
健康良好（子についての親の回答）a	0.7倍
2歳から17歳の成長（身長の伸び）の遅れ a	2.0倍
ベッドで過ごした日数 a	1.4倍
短期の入院の回数 a	2.0倍
鉄分の不足 b	3倍から4倍以上
頻繁な下痢 b	1.5倍以上
肺炎 b	1.6倍以上
繰り返される扁桃腺炎 b	1.1倍以上
深刻な喘息 b	2倍以上
急性または慢性な病気による学校の欠席 b	1.4倍以上
死に結びつく事故 b	2倍から3倍以上

出所）a Brooks-Gunn and Duncan（1997）
b Children's Defense Fund（1994）

アフリカ系アメリカ人の母親たちに低体重児が生まれやすいことをめぐって、社会経済的な要因が大きいのか遺伝子的な要因が大きいのかという論争が長く続いています。

ここでは、全国規模の追跡調査をもとにしたデータに依拠し、多変量解析を用いて、さまざまな要因をコントロールした研究を示します（Starfield 他）。ここでは白人のデータのみに注目します。

低体重児出産と社会経済的な要因との関連性を考えるとき、さまざまな要因を考慮することは非常に大切です。と言うのも、低体重児出産は母親の年齢や学歴、喫煙などと関連している可能性があり、そうした要因はまた母親の所得状況（貧困）とも関連していることが考えられるからです。

たとえば、低所得の母親ほど喫煙が多いかもしれませんし、喫煙は低体重児出産のリスクを高めるでしょう。こうしたことから、喫煙などの貧困状況以外の要因をコントロールしても（つまりはそれらの影響がないと仮定した上でも）、貧困状況が低体重児出産に関係しているかどうかを見ていく必要があります。

調査の白人のサンプル数は2440です。「母親の所得状況」（所得が貧困ライン以下であるかどうか）、「母親の教育年数」「妊娠時の母親の年齢」「母親の喫煙状況」などの要因が、「低体重児として生まれたか否か」という結果にどのように影響を与えるかを見ています。

また、貧困状況については、追跡調査の利点を生かして、母親自身が子ども時代に貧困であったかと、妊娠が始まった時に貧困であったかのふたつを調べています。つまり、この調査では、妊娠期の貧困状況だけでなく、出身家庭の貧困状況が、低体重児出産につながりやすいのかどうかも調べています。

この研究からは、母親の学歴や喫煙などをコントロールしても、母親の貧困状況は低体重児出産につながりやすいことがわかります。つまり、妊娠時に貧困であると1・8倍も、また子ども期に貧困であると1・9倍も低体重児を産む危険性にさらされることになります

（表4―2）。

さらに、子ども期、妊娠時の両方の時期に貧困である母親は、両方の時期に貧困でない母親に比べ、3・3倍もの危険にさらされることになります（14・1％対4・4％）。しかし、子ども期に貧困であっても、妊娠時に貧困でないと、そのリスクは8・2％に下がるのです。逆のパターンだと、リスクは8・9％になります。

こうしたことから、単に妊娠の時期のみの貧困状況だけでなく、母親の子ども期の貧困状況や、貧困状況にある期間の長さも大いに関連性があることが推察されます。

表4-2　貧困と低体重児出産（白人）
：オッズ比（貧困状況にない場合との比較）

貧困の時期	調整済み オッズ比	95%信頼区間
子ども期の貧困	1.94	1.24－3.04
妊娠時の貧困	1.80	1.17－2.76

注1）ロジスティック回帰分析による。オッズ比はともに統計的に有意である
注2）母親の学歴、妊娠時の母親の年数、出産時の婚姻関係、喫煙状況はコントロールされている

出所）Starfield, et al.（1991）より作成

問題が問題を生む貧困という正体

さて、この章の冒頭のハワイ・カウアイ島での研究とこの研究を重ねてみた時に、いったい何が見えるでしょうか。この研究からは、母親の年齢や喫煙などの影響を一定にしても、貧困（低所得）状況にいることは、生まれてくる子どもたち

に低体重のリスクをかなりの程度与えてしまうことがわかりました。

さらに、先の研究からは、誕生時に低体重であることそのものも、子どもの成長に影響を与える可能性もありますが、そこに貧困状況が重なると、子どもたちの発達状況は加速度的にマイナスの影響にさらされてしまうことが示されました。

もちろん低体重児出産のリスクだけを考えれば、豊かな母親にも低体重の子どもは生まれてきます。逆に、大部分の貧困な子どもは正常な体重で生まれてきます。先の章で見た児童虐待の問題と一緒です。児童虐待は豊かな家庭にも発生します。また、大部分の貧困な家庭では、児童虐待は発生しません。

しかし、低体重で誕生し、そこに貧困という問題が重なるとどうでしょうか。カウアイ島の実験で示されたのは、たとえ、低体重で生まれたとしても、豊かな家庭であれば問題は大きくならないのに、貧困家庭では問題は相乗的に増幅してしまうということでした。貧困であると低体重状況で生まれやすく、低体重状況で貧困であると、子どもの発達はより深刻な問題を生じることになってしまいます。

このように、貧困という問題は、ひとつのリスクがさらなるリスクを生む、問題がさらなる問題を生むという点が一番にやっかいなことだと思うのです。ひとつの影響（上記の例で言えば、低体重児出産）が、次のマイナスの影響（この場合は、発達状況の悪化）の可能性を高めてしまうのです。

また、上記のふたつの研究からは、こうも推論できるかもしれません。貧困は、ひとつの影響のみを子どもたちに与えるのではなく、彼らの人生に関わる複数の点でさまざまに影響を与える。しかも、それらの影響は相乗的にかつ重層的に作用し問題を複雑に絡み合わせてしまう。

たしかに、ひとつひとつのリスクの影響は小さいかもしれません。ところが、それらの小さな影響が積み重なることで、彼らの人生が大きなリスク下に置かれる可能性が高まり、それらは雪だるまのように次第に大きくなってしまうかもしれないのです。こうした何層にも折り重なる影響を子どもたちに与えてしまうのが、貧困の特徴だと思います。

もちろん、貧困によるリスク要因があるからと言っても、たとえば、すべての低体重の子どもたちが発達的な問題を持つわけではないように、その影響を防止するように働く要因（補償要因と言われる）の存在によって、その影響を小さくできる可能性があります。

低体重児に生まれても、援助をしてくれる親族に恵まれたり、経済的に余裕があったり、十分な社会的支援があったり、リハビリにきちんと通えたりすれば、十分に回復する可能性もあるでしょう。

しかし、貧困な親たちの場合は、こうした補償要因そのものが、貧困状況や仕事の忙しさによって侵食されていることも多いのです。

私が出会った、日本のハルミの赤ちゃん・エリや、アメリカのアマンダの赤ちゃん・アイザックなどは典型的な例だと思います。

ケース⑤ 〝頑張って赤ちゃん育てるから〟

ハルミは、高校2年生の時に、彼女の希望で児童養護施設から父子家庭だった父の許に戻った。しかし、結局、父親との折り合いの悪さや友人関係に引っ張られて、高校は中退してバイト生活を始める。そんなとき出会ったジュタロウとつきあい始めて、19歳でエリを妊娠・出産した。エリは低体重児だったが、ぎりぎりのラインだったたし、それ以外に大きな身体上のリスクはなかった。

彼女が生活していた児童養護施設の職員から、ハルミの育児についてちょっと心配があるとの連絡をもらって、僕はハルミとエリに関わり始める。実は、ハルミが児童養護施設に入所したころからの顔見知りだった僕は、彼女の性格も少しわかっていたたし、ラポート（相談援助上の信頼関係）も最初から取りやすかった。彼女の方も、保健師さんに同行をお願いした最初の家庭訪問の帰り際には、「山野さん、心配要らないよ、頑張ってエリ育てるからね」と言って張り切っていた。

オムツの取り替え方から、ミルクの飲ませ方まで、懇切丁寧に教えてくれた保健師さんのおかげで、数ヵ月間は順調だったと思う。ただ、保健師さんは、割とずばずば言う方で、「児童養護施設では、赤ちゃんの育て方なんて教えないから仕方ないと思うけど、子育てのこと何も知らないお母さんだよね」とはっきり言われた時には、僕も反論をしたくもなった。そんな保健師さんと、少し性格的に内向的なところもあるハルミがうまくいけばいいなと少し心配にもなった。

半年ほど経った頃だろうか、保健師さんから、エリの発育にちょっと気になるところがあると連絡を受けたのは。このところ、体重の伸びが鈍く、成長曲線の標準範囲のぎりぎりのラインだという。さらに、気になるのは、夫婦仲もこのところよくないようで、エリの養育にハルミが疲れを感じているのではないかと。

実は、ジュタロウはラーメン屋に勤務しているのだが、いつも帰りが深夜を回ってしまう。仕込みからやらないといけないので、店を開ける前の午前中から出掛けて、午後に少し帰ってくるだけなのだ。店長とジュタロウだけでやっているラーメン屋なので、休みも月に2日ほどしか取れない。ジュタロウは、子どものことが嫌いなわけではないが、どうしても寝つくのが2時や3時になるので、エリが泣いたりしないように気をつけて生活をしないといけない。

ジュタロウのお父さんやお母さんは、妊娠してもふたりが何も相談せずにエリを産んだことに怒ってしまって、以来ほとんど交流がない。

結局、エリはリハビリに通うことになるのだが、ジュタロウは最初の受診の時に、お医者さんに、仕事が忙しいのでリハビリの回数を減らしてほしいとお願いしていた。

ジュタロウの援助もなしで、ハルミとエリだけでリハビリに通うこともあったが、どうしても定期的なリハビリにはつながらない。ハルミ自身の人に馴れにくいという性格もあるのだが、エリが順調に成長しているとリハビリを中断しがちになってしまい、他の子と比べ心配があるとリハビリにまた通うという感じで、安定した通院にはならない。

ケース⑥〝涙を流して喜んだのに〟

アイザックは、出産時の麻薬の検査で陽性反応が出た。麻薬を妊娠中に2度使用してしまった母親のアマンダは、その可能性を前もってわかっていながらも、医者から知らされた時にはやはりかなりショックを受けていたという。アイザックは、早産で生まれ誕生時の体重も1500グラムほどしかなかった。

病院からの連絡で、私と先輩のソーシャルワーカーで家庭訪問をした。家庭は、典型的な貧困地域にあり、ティーンと見られる若者たちが、昼間だというのに家のそばでたむろしていた。しかし、家庭内はこぎれいにされており、赤ちゃん用の服なども用意されていた。

アメリカで児童保護局が家庭訪問調査をする場合、必ずしなければならないことがある。水道と電気が通じているか、トイレの水は流れるか、冷蔵庫に十分な食糧は入っているかなどの基礎的な生活環境の様子をチェックしなければならない。アイザックの家は、そうした生活環境に問題を感じさせない状況だった。

自らの麻薬のテストが陽性であり、赤ちゃんも陽性となれば、誰でも児童保護局が赤ちゃんを奪ってしまわないかと心配する。アマンダも、そうした心配から自然に身構えてしまい、家庭訪問の折も、その後に実施したアイザックの祖母（つまりはアマンダの母親）を交えた話し合いの席でも、どこかぎこちなさや自分の良いところを見せようとする姿が目立った。

唯一、アマンダが本音を見せたのは、祖母との関係においてだ。話し合いの席上で、祖母は、ソーシャルワーカーがアマンダに向けた質問にも自ら答えようとして、ついには同席したスーパーバイザーから「あなたは祖母でいる必要がありますよ。アマンダは十分に答えることができますよ」と諭されるほどだった。アマンダは、こうした祖母のやり方に、明らかに嫌な顔をして祖母に悪態をつくほど態度も豹変してしまった。

アイザックが家に戻ってくると知った時には、涙を流して喜んだアマンダだったが、結局、数ヵ月後には麻薬の保持および使用の疑いで警察に現行犯逮捕される。友人宅にアイザックと居た時のことだ。アイザックの成長の具合もよくなく、精密検査の結果でも鉄分の欠乏など栄養不良が見られた。

アマンダは、仕事も見つけることができず、祖母との関係も不穏続きで、麻薬をやる友人から距離を置くことはできなかったのだろう。

ドラッグベビーと貧困問題

アメリカでは、90年代から、いわゆる〝ドラッグベビー〟とか〝コカインベビー〟と言われる子どもたちの存在が目立ってきました。母親の胎内にいた時に、母体を通じて麻薬に晒されてしまう赤ちゃんのことを指しますが、なかにはアイザックのように赤ちゃん自身も生まれた時に麻薬反応が陽性になってしまうこともあります。全米の赤ちゃんの約5％が母体にいる時に麻薬に晒されているとされます。こうした赤ちゃんたちは、出産時に低体重児として生まれてきたり、後の成長にもリスクを負ったりすることになります。

私が、インターンをしていた地区ではすべての妊婦・赤ちゃんが、妊娠・出産時に麻薬の検査を受けていました。また、妊娠中に母親に陽性反応が出たケースは、すべて児童保護局が生活状況などを確認するために関わることになっています。麻薬の問題があるからと言って、すべてが児童虐待であると判断されるわけではないのですが、麻薬を使用している母親などに経済面を含む生活状況の問題が見られることも多いのです。

また、麻薬の問題は、貧困と重なり合っている部分が大きいとされます。アメリカでは、麻薬と貧困と児童虐待は、幾重にも重なる子どもをめぐる重要な課題です。その上、貧困地域に住んでいることなどの環境要因が、その重なり合いをかなりの程度説明するとされています。

乳幼児の脳の発達と貧困問題

アイザックやエリの例は、実は貧困な乳幼児たちの重い現実を私たちに突きつけるものです。

最近の分子生物学の研究は、人間の脳の発達というものが、私たちが思っている以上に、誕生後の環境によって影響を受けやすいことを示すようになっています。これまで、人間の脳は生まれた時にほとんどでき上がっていると思われていたのですが、実はそうではなく、誕生後のさまざまな刺激の欠如や環境の問題によって、乳幼児の脳の発達が阻害されてしまう場合があるということがわかってきています（National Research Council Institute of Medicine）。

たとえば、アイザックに見られた乳児期の鉄分の欠乏は、乳児の脳の発達に重篤な影響をおよぼす栄養失調の非常に顕著な例のひとつですが、アメリカの研究では、貧困な家族の子どもほど鉄分の欠乏が起きやすいことがわかっています。鉄分の欠乏は、神経細胞間で情報の受け渡しをするドーパミンなどの神経伝達物質の分泌や髄鞘《ずいしょう》（神経線維の周りにある膜）の形成などに影響をおよぼします。結局、乳児期に鉄分不足であった子どもは、その後に鉄分を補う治療を行っても、運動機能に遅れが目立ち、不安感や集中力の欠如を持ちやすいとされています。

こうした現実は、貧困な家族だけでなく、彼らに対する社会政策を担う人々にも、重い課題を突きつけています。つまり、貧困状況に置かれた家族の生活困難や、病気やストレスに晒されやすいという生活条件が、とくに乳幼児の脳の発達に大きな影響をおよぼしているとしたら、この時期にどのようにして貧困な家族を援助するかは、子どもたちの長い人生を左右しかねないほどの重大なことかもしれないのです。

もしかしたら、私たちは生物学上の病気を予防するように、貧困を予防しない限り、この問題を解決できないのかもしれません。

知的な発達への影響

貧困問題と関連のある子どもたちの身体的な発達状況は、彼らの知的な発達、情緒的な発達にも関係してくる可能性があります。

コロンビア大学若年子ども・家族研究所のスミスたちの研究は、先の章でもひとつの課題であった、親の学歴と経済力それぞれが、どれほどにアメリカの子どもたち、とくに学校入学前後の子どもたちの学力に影響をおよぼしているかを示す最適な研究です。それ以降の研究でも、繰り返し引用されています。

この研究では全国規模の追跡調査のデータを使って、子どもの知的な発達と家族の貧困状況の相関性について調べています。ここでは、5歳から6歳児と、7歳から8歳児の算数の達成度テストの結果をピックアップしてみたいと思います。サンプル数は約1000です。

この研究では、「家族の所得」「母親の学歴」「性別」「人種」「出生時の体重」「家族構成（ひとり親であるかどうか）」といった要因が、上記の「テスト結果」にどのように影響を与えているかを調べています。

ここでは、紙面の都合上、「家族の所得」と「母親の学歴」の影響力のみを表しています（**表4—3**）。この表の数字は、重回帰分析による標準化偏回帰係数です。3章でも述べたとおり、数値（絶対値）が大きければ大きいほど各要因（学歴と所得）の結果（子どものテスト結果）に対する影響力が強いことを表します。また、1に近いほど影響力は大きいこととなります。

ここでは、「家族の所得」と「母親の学歴」の影響力を比較しやすいように、「母親の学歴」については「家族の所得」の影響力をコントロールした時とそうでない時の各テストに対する、標準化偏回帰係数をそれぞれ載せています。

表4-3　子どもの知的な発達と貧困との関連性（重回帰分析）
：標準化偏回帰係数

変数とコントロール	算数達成度テスト（5〜6歳児）	算数達成度テスト（7〜8歳児）
所得：貧困ラインに対する割合	0.21*	0.27*
母親の学歴：教育年数		
（所得のコントロール無）	0.12*	0.14*
（所得のコントロール有）	0.08*	0.05

注1）母親の学歴、人種、出生時の体重、性、家族の構成はつねにコントロールされている
注2）＊は5％水準で統計的に有意であることを示す
出所）Smith, Brooks-Gunn, and Klebanov (1997) より作成

表を見てわかりのとおり、「家族の所得」の影響力はかなり大きいです。また、「母親の学歴」以上の影響力を持っていることがわかります。これは、「家族の所得」を考慮に入れる前と入れた後で、「母親の学歴」の影響力を比較するとより明確になります。「家族の所得」を入れる前では、「母親の学歴」は大きな影響力を持っていると言えますが、「家族の所得」を考慮すると、その影響力はかなり減ります。標準化偏回帰係数を30％以上下げています。

この研究は、少なくとも、小学校入学前後の幼少の子どもたちにとって、親の学歴よりも、家族の所得の方がより重要な意味を持つことを示すものです。

みなさんは、このことをどう思われるでしょうか。

私自身のことを言うと、こうした研究を概観する前は、所得そのものがそれはどに強い影響力を持っているとは

思っていませんでした。親の学歴や職業で、所得の影響力はほとんど説明されてしまうのではないかと考えていたのです。

子どもの発達を研究するアメリカの学者たちも、こうした研究が出てくるまでは、親の学歴や職業の方が人的資本として影響が大きいのではないかと考えていたようです。実際、カウアイ島の研究では、所得ではなく父親の職業を社会経済的な指標として使っていました。しかし、最近では所得そのものがかなり影響力を持っていることがコンセンサスを得られているようです。

また、先の章でも触れたように、所得そのものをきちんと把握して研究することは、こうした研究を実際の政策などに生かす場合に意味があることなのです。親の学歴ではなく現在の所得の方が大きな意味があるとすれば、どうやって親の所得を増やしたらよいかが問われることになるからです。

親の関わり方や学習環境を入れると

しかし、ここまで読まれた方のなかで、この研究について少し疑問を持たれている方もいるかもしれません。

たとえば、勉強する時のもっと身近な物理的な環境とか、親たちと子どもたちの関係性のあり方とかが影響をすることはないのか？　といった点です。

実は、ここまでは混乱を避けるために紹介しなかったのですが、この研究では、「家庭環境」という指標を入れた時の結果が掲載されています。

このような「家庭環境」は、ＨＯＭＥ（Home Observation for Measurement of the Environment）という、アメリカの子どもの発達研究では広く使われているスケールによって測られます。たとえば、小学生用のＨＯＭＥは、親たちの子どもに対する情緒的な反応や言葉かけの度合いなどの対人的刺激側面と、子どもの遊ぶ場所の安全性、子どもの知的な面を刺激する本の数、スポーツや音楽、ダンス、演劇などの学校外のレッスンを受けているかどうかなどで測る物理的側面の両面から、家庭内の環境を測っています。

ＨＯＭＥによって測られる「家庭環境」をコントロールした場合（つまり「家庭環境」の影響を一定であると仮定した場合）の、親の所得や学歴が子どもたちのテスト結果におよぼす影響を表したものが次ページの**表4―4**です。わかりやすいように、表4―3で表した「家庭環境」（ＨＯＭＥ）を入れない場合の数字も再度掲載しています。ここでも、他の要因はすべてコントロールされています。

表4-4　子どもの知的な発達と貧困との関係（家庭環境を含む）：標準化偏回帰係数

変数とコントロール	算数達成度テスト（5〜6歳児）	算数達成度テスト（7〜8歳児）
所得：貧困ラインに対する割合		
（家庭環境コントロール無）	0.21*	0.27*
（家庭環境コントロール有）	0.12*	0.20*
母親の学歴：教育年数		
（家庭環境コントロール無）	0.08*	0.05
（家庭環境コントロール有）	0.06*	0.01

注1）母親の学歴、所得、人種、出生時の体重、性、家族の構成はつねにコントロールされている
注2）＊は5％水準で統計的に有意であることを示す
出所）Smith, Brooks-Gunn, and Klebanov (1997) より作成

表からわかるのは、「家庭環境」を加えることで、「家族の所得」や「母親の学歴」の影響力はかなり落ちるということです。ここから、親の養育姿勢や教育刺激などの「家庭環境」もまた大きな影響力を持っていることがうかがえ、「家族の所得」や「母親の学歴」の影響力をかなりの程度説明していると言えます。しかし、一方で「家庭環境」を加えても、まだ「家族の所得」は大きな影響力を保持していることにも注目が必要です。

ただ、家庭環境については、スミスたちが指摘するように、アメリカの研究では所得などの家庭の経済的状況が子どもたちの発達に影響をおよぼす媒介因（つまりは、間接的な要因）として考える傾向が強いようです。このことについては、ここでは深入りせずに、また次の章で説明します。

子どもたちの年齢による影響の違い

スミスたちの研究と絡んで、指摘しておきたいことがもう一点だけあります。それは、家族の所得が子どもたちの知的な発達におよぼす影響については、子どもの年齢によって、少し異なる様相を示す可能性があるということです。

実は、スミスたちの研究が掲載されている"Consequences of Growing Up Poor"という本は、複数の研究者たちが、いくつかの追跡調査のサンプルを用いて、子どもたちのさまざまな年齢によって、所得などの影響力がどう異なっているかを比較できるように工夫されているのです。

この本を編集したダンカンたちは、この比較分析のなかで興味深いことを見出しています。

①幼児から小学校低学年の間は、子どもの知的な発達に対する家族の所得の影響は大きい。

②しかし、小学校入学後の影響力は減っていく。とくに思春期の影響力はそれほど大きなものではない。

③ところが、子どもの小学校から中学校にかけての家族の所得をもとにした、子どもの成人後の所得、労働などの指標を見ると、影響力が再び大きくなっている。

つまり、家族の所得の影響力は、子どもの年齢が幼い時には大きく、思春期には影響がいったん少なくなり、再度成人後の結果に大きく反映すると言うのです。

このことは、ふたつのことを意味します。

ひとつは、年齢によって発達への影響に差があるということは、子どもたちの成長のなかのどのタイミングで貧困であるかによって、成人後も含めての将来の子どもたちの成長の結果に違いが出てくる可能性を示唆しています。実際、ダンカンたちは学童期や思春期以上に、子どもたちの幼児期の家族の所得の方が、子どもたちが高校などを卒業するか否かに大きな影響力を持っているとしています。

もうひとつには、小学校入学以降に影響が薄まるとしたら、学校が果たす役割の大きさを暗示しているのかもしれません。つまり、学校教育は親たちの所得の不平等さの影響力を減らすことに成功しているのかもしれません。成人後に影響力が再度出てくるのは、労働市場の不平等さによるものでしょう。

アメリカの学校教育、とくに公教育は繰り返し批判を受けています。一番の原因は、アメリカでは学校の運営予算について、連邦政府が市や郡などの経済力の格差を調整することがないために、経済的に弱い市や郡は雇える教員の給料も悪く、学校の教育環境もどうしても豊かな地域と比べて見劣りするものしか用意できないからです。
にもかかわらず、学校教育がこうした貧困の影響力を薄める役割をまだ果たしえているとしたら、貧困な子どもたちにとって、学校教育の果たす意味はアメリカでも大きいのかもしれません。

情緒的な発達への影響

アメリカでのいくつかの研究は、知的な発達と同様に、子どもたちの情緒的な発達（不安傾向、抑うつ傾向、乱暴さなど）に対しても、家族の所得や経済的な困窮が影響することを指摘しています。しかし、知的な発達への影響と比べて、その直接的な関係性は薄まるとされています。次の章で述べるような、家族の貧困状況と関連するいくつかの媒介因を経ることによって、間接的に子どもたちの情緒的な発達には関係しているということでしょう。

私は、数年間、児童相談所の一時保護所で子どもたちと、朝昼夜生活を共にした経験があります。一時保護所は、児童虐待や親の経済的な理由などで、子どもたちが保護された後、しばらくの間生活をする場所で、多くの場合児童相談所に付設されています。

いまでは、一時保護所は被虐待児童と判断される子どもたちであふれかえり、入所の定員を超えてでも（つまりは児童福祉法最低基準という法的な基準を超えてでも）、子どもたちを受け入れていかざるをえない状況ですが、当時の一時保護所にはまだ余裕があり、子どもたちにとっても私たち職員にとっても落ち着ける場所でした。

朝昼夜、ご飯を一緒に食べ、勉強も一緒にし、お風呂にも一緒に入り、子どもたちが寝つくまで布団のそばでおとぎ話をしていると、子どもたちのいろいろな部分が見えてきます。入所してくる子どもたちの親御さんたちは、どうしても仕事や生活のことに追いかけ回されて、子どもたちとじっくり向き合う余裕のない方が多いのです。そうした意味で、一時保護所は、子どもたちにとって大人がじっくり自分のことを見つめてくれる、生まれてはじめての場所になる場合さえあるのです。

しかし、とくに入所したての子どもたちは、時に情緒的に落ち着きがなく、引きこもったり乱暴になったりすることもありました。私たち職員も落ち着かない子どもたちから暴力を受けたりすることもありますし、子どもたち同士でけんかをして傷つけ合うことも時にはありました。

ケース⑦ 〝なんで俺ばっかなんだよ！〟

子どもたちがけんかをした後では、必ず僕ら職員がお互いの言い分を聞いたりする。多くの子どもは、職員と一対一になると、ある程度何が起きたかを論理的に話してくれる。だが、幼い時から、生活に追われて保護者がじっくり関わりを持てないでいると、子どもたちは自分の気持ちや自分の周りで起きたことを言葉にすることができにくくなってしまう。警察から虐待通告を受け一時保護所に入所してきたヤスも、そんな時になると決まって何も言わなくなってしまう。

「けんかのきっかけは何？」

「……」

「チナツ（けんかの相手）とけんかを始めたとき、チナツが最初に何か言ったの？」

「……」

「最初から考えてみようか？」

「……」

こうなると僕もお手上げである。しばらく沈黙をして待つしかない。するとヤスは突然、泣き出しながら叫ぶように言う。

「なんで俺ばっかなんだよ」

僕は、びっくりして、けんかの相手のチナツにも他の職員が話を聞いていることを伝えるのだが、ヤスが感じているのは実はそのことではない。このとき、ヤスが堰《せき》を切ったようにしゃべり出したのは、母親との関係であったのだ。それまで家で自分だけが母親からどれだけ冷たい仕打ちを受けてきたか、妹ときょうだいげんかをしてもいつも自分だけが怒られてきたことなどをとうとうとしゃべってくれた。

最後に、でもヤスはこう言う。

「一時保護所は楽しいけど、好きな時にお母さんに会えないから嫌だ」

ヤスは、一時保護所で身柄を安全に確保できているかもしれないけど、気持ちはいつも母親に向かっている。一時保護所に入所している多くの子どもたちも同様だ。彼らにとって、親とは一番に大事な存在であり基盤である。子どもたちは、できるならいつも一緒に親たちといたいと願っている。でも、時にそれは難しい。もちろん、児童虐待などによって親子が離れればなれに生活せざるをえない状況もある。しかし、「豊かな国」日本では、まだまだ貧困を主とした理由で一緒に暮らせない親子が多数存在している。

ヤスをはじめとして一時保護所にやってくる子どもたちにとって、必要なのは親御さんたちがじっくり関わることができる時間の余裕だ。それが難しい環境のなかでは子どもたちも時に情緒的に不安定になってしまう。

では、親たちに余裕を持って生活してもらうには、どうしたらいいのだろう？

アメリカのスラム街で

アメリカの貧困なスラム地域の学童保育所でも、同じように感じていました。

この学童保育所には、情緒的に不安定だと学校の先生から判断されている何人かの子どもたちも通っていました。みんなアフリカ系アメリカ人の子で、とてもかわいいのですが、落ち着きのない乱暴な子どもも多かったのです。口汚い言葉でののしり合う子ども、いつも泣いてばかりの子ども、課題を与えられても無視ばかりしている子ども。ヨガや工作、料理のプログラムを組んでも、私たち職員の指示などおかまいなしに、おしゃべりを続け、好き勝手にプログラムを変えてしまったりするのです。結局、私たち職員もいつも注意することばかりになるので、お互いに今日こそはできるだけ大きな声で注意することを減らそうと毎日のように励まし合っていました。

でも、この学童保育に参加している子どもたちの家庭背景を探っていると、ある共通点が見えてきます。もちろん貧困です。しかし、それはかつて（80年代）のように失業や無職という問題と重なるものではなく、多くの父母は仕事を持っているのに、その労働単価の安さゆえにどうやっても貧困から抜けられないというものです。

結局、長時間労働に従事せざるをえず、なかには朝と夕に掛け持ちで複数の仕事を持っている親御さんもいました。夕方、子どもを迎えに来た父母たちの顔を見るとよくわかるのですが、仕事が終わった後の安堵《あんど》感以上に、日頃の疲労の蓄積がどうしても表情に浮かんでしまいます。

また、70％ぐらいがシングルマザー家庭です。でも、子どもと親だけが住んでいるということは少なくて、祖母や母親の姉妹（彼女たちもシングルマザー）と一緒に住んでいます。アパート代の高さゆえに母子だけではなかなか生活できないのです。結局、ドラッグや暴力の問題が頻繁に起きるこの地域が、子どもたちの生活環境として健全でないとわかっていても引っ越すことはできません。

2年前にこの学童保育が始まる前までは、学校が終わったあとは、同居家族の誰かや知人、年長の子どもが小学生の子どもたちの面倒を見ていたのかもしれませんが、この危険な地域で子どもたちは少なからずネグレクトされていたと推察されます。

子どもたちの問題行動と見えているものも、父母たちの生活の余裕のなさを単に反映していただけなのかもしれません。たしかに、学童保育に継続的に参加している子どもたちは、少しずつ行動が落ち着いていきます。みんな、この学童保育のことをとても気に入っていました。学校より好きだと口にしてくれる子も何人もいました。

でも、子どもたちの将来がそんなに明るいようには思えません。

筆者がインターンとして働いたスラム地区の住宅風景。治安が悪く、子どもが安心して暮らせる場所ではない

こうしたスラム街で育つ子どもたちにとっては、ドラッグの問題をはじめとした犯罪の問題は、あまりに身近すぎるからです。とくに、彼らは友人関係をとても大切にするし（けんかもしますが）、年長の友人からの影響も大きいように見えます。アフリカ系アメリカ人男子の3分の1は人生のどこかで刑務所に入る経験を持つとされています。屈託なく笑っている子どもたちの背景にそうした厳しい事実があると思うと、とても複雑な気持ちになりながらインターンをしていました。

家族の所得と発達との相関関係とは

日本でも、子どもたちの学力面と家庭の経済力との間に相関関係があることがマスコミでも取り上げられるようになったことは、先の章でも触れました。

しかし、教育学者の岩川直樹氏（『貧困と学力』）は、こうしたマスコミでの取り上げられ方は、かなり興味本位の部分が多く、「貧困であるばかりか低学力でもあることが明るみに出された地域の人々は、当然のことながらそれを『汚名』や『恥辱』と意識し、当該地域の行政単位はネガティブなイメージを払拭するためにその表面を糊塗《こと》するような対応に追われることになった」と指摘しています。

さらに岩川氏も言うように、こうした学力と家庭の経済力の相関関係は、現場の教師たちにとってはけっして目新しいものではなく、「いまさら」の感を持たせるものだったでしょう。児童相談所や一時保護所で働くソーシャルワーカーたちにとっても、「いまさら」という思いは共通しているところだと思います。

しかし、学力と家庭の経済力の相関関係というとき、私たちはふたつの指標の間にどのような関係のあり方を思い浮かべるでしょうか？　たとえば、縦軸に学力テストによる学力の指数を取り、横軸に経済的な指数を取るとすると、私たちはたいていそこに直線的な相関関係を示すグラフを描きがちだと思います。

しかし、この章の冒頭で取り上げたハワイ・カウアイ島での研究を思い出していただきたいのです。この研究では、社会経済的な状況が最も低位の子どもたちは、周産期の健康状況が悪いと極端に深刻な結果を示していました。そうした顕著さは、同じ環境要因ながら家族の安定要因や母親の学歴要因には見られないほどのものでした。

また、学力と家庭背景に関する日本の研究を振り返っても、ＰＩＳＡや耳塚氏の研究では、社会経済的状況が低い家庭の子どもたちのスコアは、そうでない子どもに比べて極端に下がっていることが見えました（ただし、これらは社会経済的要因以外のものをコントロールしていませんでしたが）。

貧困な子どもたちについてのアメリカの研究では、他の要因をコントロールしても、子どもたちの発達と貧困状況の間には、ハワイ・カウアイ島での研究などが示すような指標間の関係性がしばしば見られるのです。

つまり、知的な能力と貧困状況の相関関係は直線的にはならず、低所得層のところで傾斜が大きくなるのです。このことは、子どもたちの情緒的な側面でもあてはまりますし、さらには子ども時代の所得状況と成人後の所得状況との関連性においても見ることが可能です。

発達と所得の非直線的な関係

こうした相関関係の非直線（non liner）的関係を視覚的に見ていただくために、先ほどのスミスらの研究に少し戻ります。

スミスらの研究から示したのは、5歳から6歳時と、7歳から8歳時の子どもたちのテストのスコアに他の要因をコントロールしても、家族の所得が大きな影響を与えていることでした。

スミスらは、相関関係の非直線性を分析するために、所得を6つのカテゴリーに分けます。①貧困ラインの0・5（50%の所得）以下、②0・5から1・0、③1・0から1・5、④1・5から2・0、⑤2・0から3・0、⑥3・0以上です。

スミスらの研究の子どものテストスコアは、標準化され平均は100であり、標準偏差は約15です。

図4―2は、5歳から6歳時と、7歳から8歳時の、計算面の知能検査の結果と所得の指標との関連性を示しています。この図では、所得の貧困ラインに対する割合が1・5と2・

図4-2　算数のテストスコアと貧困の深さとの関連性

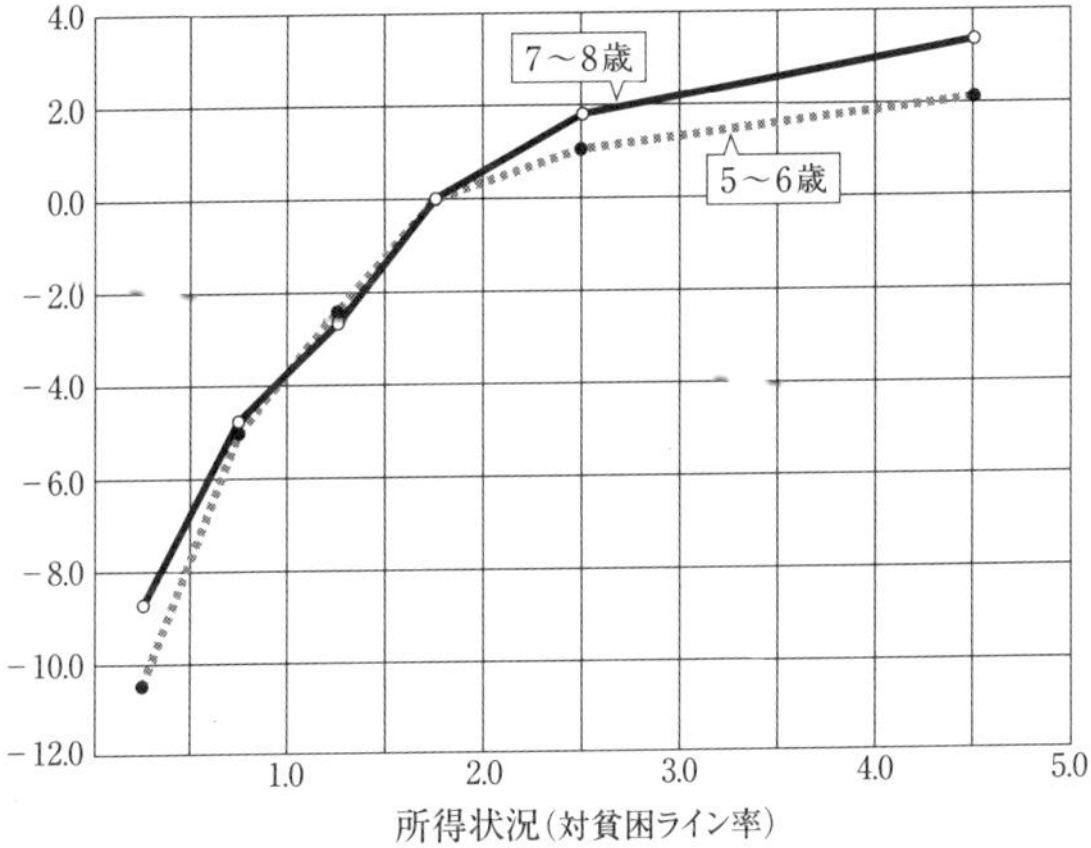

出所）Smith, Brooks-Gunn, and Klebanov（1997）より作成

0の中間点（1・75）で、テスト結果の平均が0になるようにしています。この点を基準として、先ほどの6つのカテゴリーの子どもたちの平均のスコアがどれほどに乖離《かいり》しているかを示しています。

この図からは、家族の所得状況が厳しくなるにつれて、ふたつのテストのスコアと所得との関係を表す折れ線グラフの勾配《こうばい》が急になるのがわかります。つまり、家族の経済状況が深刻であればあるほど、子どもたちの計算面の結果は加速度的にマイナスの影響を受けてしまうことが見て取れます。

とくに、所得が①の貧困ラインの半分以下のグループのスコアは、低下がかなり激しいといえます。それは、②や③の貧困ライン前後のグループとの差からも見ることができます。こうして、単に貧困であるかどうかだけでなく、どの程度に貧困であるかという貧困の深さが子どもたちの発達には大きく影響していることがここから推論できます。

逆に、⑤や⑥の相対的に豊かな子どもたちの算数のテストのスコアには、家族の所得という経済状況はあまり影響を与えないことがわかります。

さらに、こうした非直線的な影響は、子ども時代の知的な達成具合だけでなく、貧困の連鎖、つまりは、子どもたちが成人した後の貧困状況と、彼らの子ども時代の家庭の貧困状況との関連性を調査した研究からも見ることができるのです。

ミシガン大学のコーコランらは、全国規模の追跡調査の約2900のサンプルを使い、当時5歳から15歳だった子どもたちが20年後に経済的にどのような状況であるかを、彼らの子ども時代の家族の所得と、20年後の（つまりは25歳から35歳の時点での）彼ら自身の所得状況との関連性を調べることで研究しています。

この研究では、貧困ラインに対する、子ども時代の家族の所得の割合を0・5刻みで（3・0以上は1・0刻みで）カテゴリー化し、8つのグループに分けています。ここでコントロールされた要因は、ジェンダー、母親の学歴、ひとり親指標などです。

図4-3　成人後の所得状況と子ども時代の所得状況

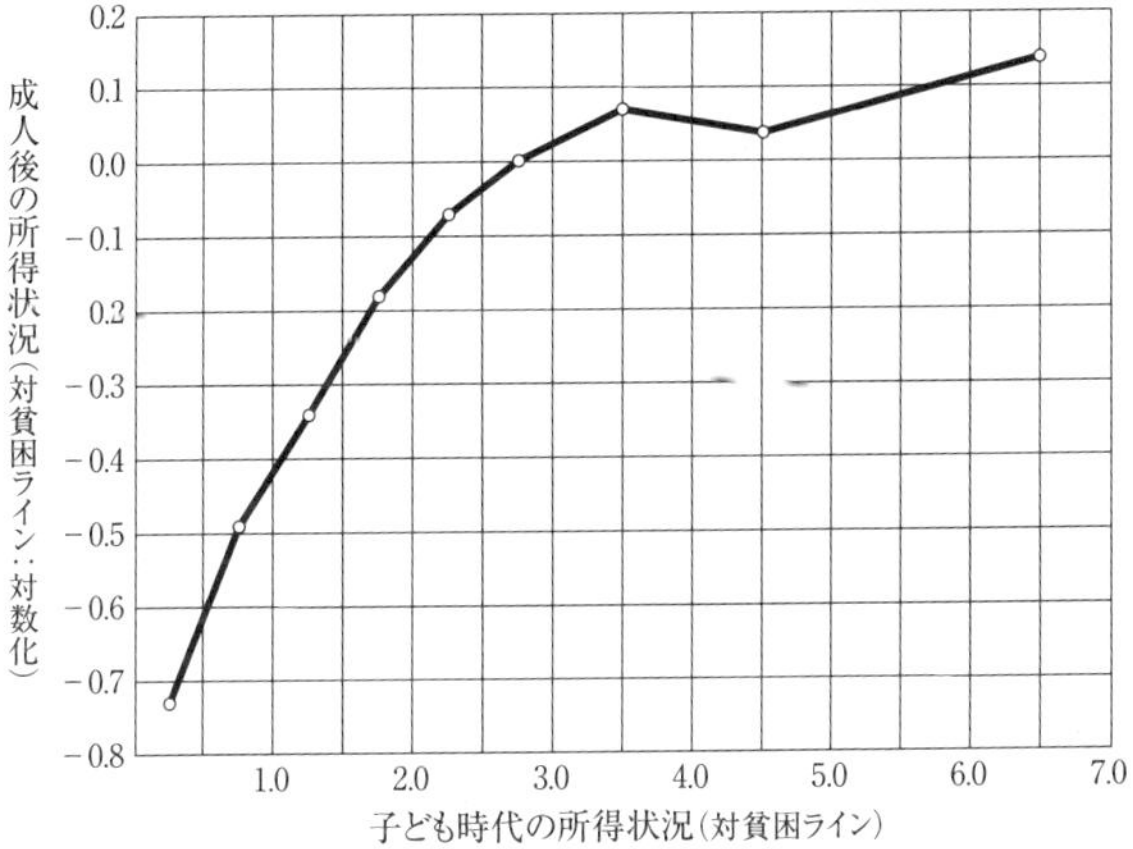

出所）Corcoran and Adams（1997）より作成

図4―3の横軸は、子ども時代の家族の所得の指標です。縦軸は、子どもたちが成人になった後の彼ら自身の所得の指標です（都合上対数に変換していますが、結果に大きな違いはありません）。ここでは、子ども時代の所得の指標の2・75の点で、成人期の所得の指標が0になるようにしています。

ここでも、子ども期の所得の指標が低くなるほど、折れ線グラフの勾配が急になっていることがわかります。逆に、豊かなグループではその勾配はゆるやかです。成人期の所得に対する子ども期の貧困状況の影響も、子ども期の貧困状況が深ければ深いほど加速度的に増していくのかもしれません。貧困の連鎖というものを考える時にも、こうした貧困の深さを考慮に入れていく必要があるようです。

漏斗の底にいる家族たち

これらの研究から何が見えてくるのでしょうか。

もちろん、直線的な相関関係だけでも十分に問題をはらんでいる内容です。貧困な家庭背景が、子どもたちの成長や成人期の社会経済的な状況にまで影響をおよぼす不利な条件をもたらしているとすれば、私たちはそれを改善していかなければなりません。

しかし、非直線的な関係が表すのはもっと根の深いものです。私は、こうした調査を文献研究しながら、漏斗《ろうと》のような器のなかでもがいている貧困な家族のことを想像していました。漏斗は、液体などを入れる入り口（頭部）は勾配がゆるやかですが、脚部は勾配が一気に急になります。

貧困状況に置かれた家族とは、漏斗の脚部でもがいている人たちなのかもしれないと思います。もし、家族が漏斗の頭部にいれば、ゆるやかな勾配なので子どもたちの成長のために生活状況を改善していくことは、エネルギーをそう注がずともできるかもしれません。

しかし、もし脚部（貧困状況）にいると、急な勾配のためその位置に留まっていることがやっとで、上昇することはかなりのエネルギーを要してしまいます。逆に、引力によって下部に落ちてしまうことはあまりに簡単です（豊かな人は、そう簡単には落ちない）。このように、生活を改善するにも、現状を保持することだけでも、貧困状況にない家族以上のエネルギーが必須となるのが貧困のもうひとつの特徴だと私は思うのです。

さらに、この漏斗現象を考慮に入れると、2章で描写した貧困な家族の脆さも理解しやすくなるかもしれません。貧困でない家族にとっては大きなダメージをもたらさないほどの、生活上のマイナスの変化（たとえば、収入の減少）でも、漏斗の勾配の急な場所にいる貧困家庭にとっては、大きな損害を子どもたちに与えてしまいがちなのです。彼らは、そうした生活の変化に敏感であり、傷つきやすいのです。

私も、多くの貧困な子どもたちや家族と接するなかで、周囲の援助者が何かの都合で代わったりすると、それまでうまくいっていた援助関係が突然思いがけない方向に行ってしまうことを経験してきました。

貧困でない家族や子どもたちは、そうした変化などにあまり左右されずにすむのに、生活に困窮状況を抱える人ほど、援助者の質や援助者とのマッチングに微妙に振り回されてしまうこともありました。

こうした変化への脆弱さ、敏感さは、しかし、本質的には経済的な困窮状況が背景にあるからなのかもしれません。

たとえば、失業とメンタルヘルスに関する次のような研究が、そうした推察を裏打ちしているような気がします。

80年代前半の雇用不況の時期に、アメリカ・ミシガン州の失業者たち（約148人）のメンタルヘルスを研究したケスラーらによれば、同じような失業の経験をした人でも、豊かな人に比べ、貧困な人々は不安感や抑うつ感、身体症状をより多く（約2倍）持ってしまう傾向があったそうです。

もちろん、失業というストレスフルな問題は、すべての失業した人に影響を与え、失業とは無関係と考えられるような家庭内の変化（健康や子どものこと）などに対しても、失業者は脆弱になってしまいます。

しかし、経済的な困窮（貧困）の程度をコントロールすると、失業のメンタルヘルスへの影響は、かなりの程度薄まってしまうとされています。貧困な人と比べると、豊かな人にとって、失業などの生活上の問題は、あまり大きなダメージをおよぼさないですむのかもしれません。経済的な困窮もなく、失業とは無関係の家庭内の変化やストレスフルな出来事が起きない場合には、失業は大きな心理的な影響をおよぼさないのです。

つまり、失業そのものより貧困であることの方が、より大きなインパクトを持っているのです。貧困であることは、失業などのストレスフルな出来事に対する抵抗力を弱め、メンタルヘルスにおよぼす影響を増幅させる要因になってしまうのです。

収入増はポジティブな変化をもたらすか

一方で、非直線を示すこれらの図からは、もっとポジティブな思考もできるかもしれません。

つまり、貧困な家族は所得が少し増えるだけで、貧困でない家族以上にポジティブな子どもたちの変化をもたらす可能性があると考えられるのではないでしょうか。

実際、“Child Development”誌に掲載された、ディアリングらの研究は、このことの可能性を示しています。ディアリングらは、ある全国規模の追跡調査（サンプル数１３６４）のデータを用いて、子どもが生まれてから3歳までの間の家族の所得の変化が、子どもたちの発達にどのような影響を与えるかを調べています。

子どもたちは、誕生後15ヵ月と3歳時の2度にわたって発達検査を受け、ふたつの時期の数値の変化と家族の所得の変化の関係が、貧困な家族と貧困でない家族の間でどのように違っているかを調べているのです。

ここでは、貧困な家族においては貧困でない家族以上に、所得の変化によって子どもたちの発達が上下することがわかりました。実は、貧困でない家族では、所得の変化が子どもたちの発達の変化におよぼす影響はほとんど見られなかったのです。ところが、貧困な家族では、家族の所得が増えることによって相対的に大きなポジティブな影響を子どもたちが受けていました。

このことから、ディアリングらは家族の収入の増加（自然に増加するものであれ、社会的な介入によるものであれ）が、貧困な家族の子どもたちの発達にポジティブな変化を与える可能性を示唆しています。

この章で示したいくつかの調査は、6章以降で家族の貧困やその子どもたちへの影響に対する取り組みを考える時に、いくつかの大切なポイントを示唆している気がします。とくに、いまここで示した相関関係の非直線性という概念は、理論的にこうした方策を考えていく時にサジェストする部分が大きいと思います。

5章　貧困が子どもたちを蝕むプロセス

4章では、アメリカでのいくつかの量的な研究を振り返ることで、家族の経済的な状況が子どもたちの発達に大きな影響をおよぼしている可能性を示してきました。

しかし、こうした研究では、貧困状況が子どもたちに深い影響を与えているメカニズムやプロセスについては触れられていません。

家庭の貧困と子どもたちの状態に相関関係があることは、少し見えてきたのですが、子どもたちの生活条件の違いやどのような媒介要因が介在するかによって、貧困問題が子どもたちに影響を与えているかを検討する必要があると思います。

こうしたメカニズムやプロセスに関する研究を概観することで、子どもたちの貧困とその発達の間のもっと詳細な様態が映し出されてくることを期待したいと思います。

また、3章でも述べたように、貧困家庭における児童虐待の発生のメカニズムを探っていく上でも、この章で検討していく内容は、十分に応用が可能であると私は考えています。アメリカの研究でよく取り上げられる6つの要因について検討をしています。心理的ストレス、物理的環境、居住環境、ひとり親家庭の状況、社会的サポート、リスクの累積性の6つです。一部にページ数を多めに割り当てていますが、とくにそれらの要因が他のものより重要だということではけっしてありません。

また、この章でも私の日本やアメリカでの経験などを織り交ぜていきます。時々、日本の例になったり、またアメリカの話になったりと少しめまぐるしく思われるかもしれません。

貧困と心理的ストレス

社会疫学という医学の領域があります。病気などの不健康状況が、遺伝やその人のライフスタイルだけでなく、社会格差や貧困、職場の環境などによって引き起こされてしまう可能性に注目する研究領域です。あまり多くの人には知られていないかもしれませんが、日本でも社会的な格差が拡大するにつれて徐々に注目を浴びてきています。

社会疫学において、社会格差や貧困などと病気との関連性を説明する際に、一番に注目するのはストレスや抑うつなどの心理的な状況です。

豊かな人に比べ貧困な人が抑うつなどの状態になりやすいことは、日本でも知られてきています。たとえば、日本の社会疫学のパイオニアでもある近藤克則氏は、高齢者の抑うつと所得の間には深い関係があることを示しています。

抑うつと貧困との関連性についての研究は、アメリカでは長い歴史を持ちます。低所得階層にあるアフリカ系アメリカ人のシングルマザーたちは、心理的な抑うつ感を持ちやすいという研究や、失業したり所得を減らしたりすることによって抑うつ感を持ちやすくなるなどの研究が数多く散見できます。

家族ストレスモデル

こうした貧困によってもたらされる親たちの心理的なストレスや抑うつ感を、貧困が子どもたちに影響をおよぼす媒介因として取り上げるのが家族ストレスモデルです。

家族ストレスモデルを完成させたカリフォルニア大学デービス校のコンガーたちは、次ページの**図5—1**のような概念図を描いています。この図のなかの「経済的窮迫感」とは、コンガーたち独自の概念ですが、所得の減少などによってもたらされる心理的なストレス状況

図5-1　家族ストレスモデル

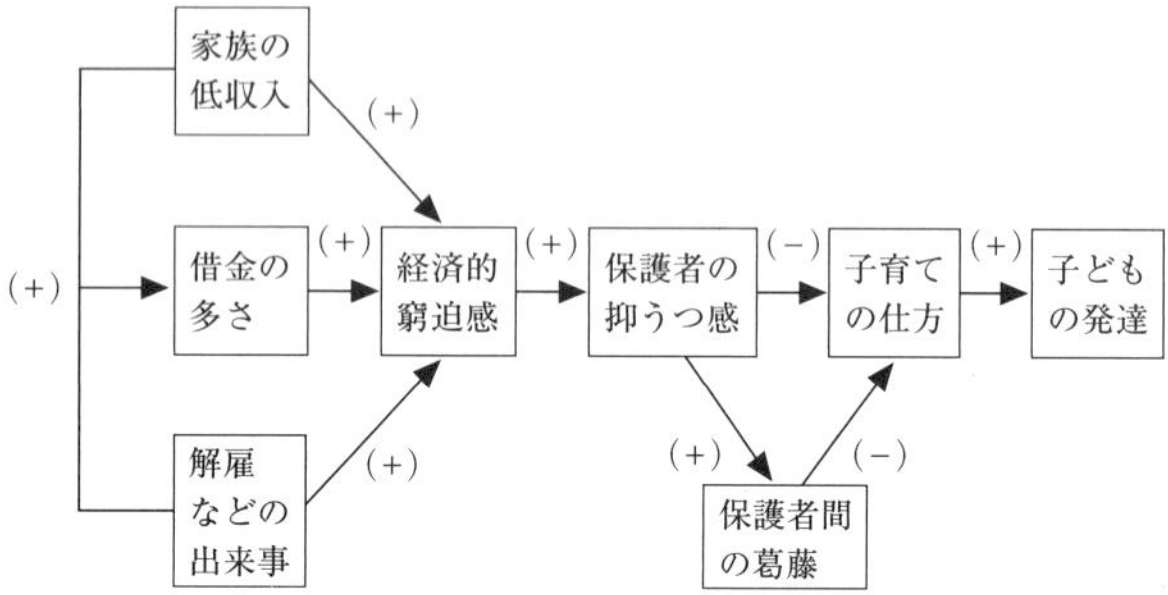

出所）Conger, et al (2007) をもとに作成

を指すものです。

私たちの生活では、収入の減少や失業などにともなって、たとえば、必要な食糧や衣類を買うことができないとか、それまでの生活パターンを変えなければならない状況などが生じます。しかし、低所得などの客観的な経済状況に加え、主観的な認識やストレスフルな経験（もちろん、それは客観的な状況と関連性が強いですが）があって、初めて、私たちはそれまでの消費生活のあり方を変化させたり、公的な援助を求めたり、収入を増加させるために新たな仕事を求めたりするだろうとコンガーたちは理論づけるのです。

失業や低所得状況にあると、私たちはどうしても月々の支払いに困るなどの心理的なストレス状況を積み重ねやすくなります。さらに、経済的な面に対する心配事などに、日常的に気を取られていると、フラストレーションや憂うつ感、やる気のなさ、未来に対する悲観などの否定的な感情を持ちやすくなってしまいます。

もちろん、豊かな人も失業したり所得が大幅に落ちたりすればストレスを感じます。ところが、同じようなネガティブな生活上の問題（失業、所得の減少、病気）を経験したとしても、4章の失業者に関する研究の例で見たように、豊かな人と貧しい人の間ではその影響の度合いに明らかな差が出てしまうのです。

つまり、貧困な人は限られた経済的な資源しか持ち合わせないために、ネガティブな生活上の問題に遭遇すると、豊かな人に比べ解決の方法を見出すことがより難しいのです。結果として、貧困な状況にある人々は、より長く経済的なストレスに直面していなければならなくなってしまいます。こうして、経済的な困窮状況と抑うつ感が深い関連性を示してしまうのです。豊かな家族では、病気や失業に遭遇しても、所得の高さや預貯金などの存在が、そうしたストレスを和らげてくれる働きをしてくれるのかもしれません。

貧困なシングルマザーたちを対象としたある研究（サンプル数155）では、所得の少なさなどは母親たちの抑うつ感と強く関連していましたが、さらにこの研究では、収入を増やしたり家計の支出を減らそうとしたりする母親たちの努力の量と、抑うつ感や経済的な困窮さにも関連性があることを見出しています（McLoyd and White）。

つまり、経済的に困った母親たちは遊興費を削ったり、安い服や食糧を買ったり、旅行を先延ばしにしたりしてやりくりをしていたのですが、こうした努力をしている親たちほど抑うつ感が高い状態にあったのです。貧困な人ほど、毎月の帳尻を合わせるために、豊かな人にとっては無用の努力をしていかなければなりません。そのような努力は心理的なストレスになりがちです。

さらに、いくつかの研究では、月々の支払いを心配するなどのゆとりのなさに起因する慢性的な金銭に関するストレスは、一時的なネガティブな経済問題（たとえば、賃金の減少）などに比べると、より個人の抑うつ状態に関連するとしています。逆に、慢性的な金銭に関するストレスによる影響を統計的に一定であるとコントロール（考慮）すると、一時的な経済問題の抑うつに対する影響が消えてしまうのです。

これは、前章の低体重児出産の例で少し指摘した、貧困な状況にある期間の長さが重要な意味を持つという点と通じます。一時的な経済問題は大きな影響をおよぼさないかもしれませんが、慢性的な貧困状況は親たちに精神的な負荷をもたらしてしまうのです。

結局、低所得などの貧困状況というものは、個人の心理的な機能に影響を与えることで、個人が生活上の新しい問題を解決する能力を弱めてしまい、より問題を難しくさせてしまうのかもしれません。さらに、経済的なストレスだけでなく、経済問題以外の生活上のストレス（たとえば、子どもたちの養育上のストレス）に対しても脆弱になってしまう可能性も指摘できるでしょう。

貧困と親子関係

こうした抑うつ感は、夫婦（カップル）間の葛藤や、さらには親子間の関係に影響をおよぼします。抑うつ感一般が、家族間の葛藤や怒りの感情を増し、愛情を持って子どもを育てる気持ちを減少させてしまうことは、アメリカだけでなく日本でもよく知られているところです。

さらにミシガン大学の心理学者・マクロイドは、経済問題が家庭内に持ち込まれるだけでも、夫婦間の親和的な関係はマイナスの影響を受け葛藤は増すし、経済的なものから引き出された親たちの抑うつ感がそれに追い討ちをかけるとしています。

その上、夫婦間の葛藤や不一致は、逆に親たち個々の抑うつ感などのメンタルヘルスの状態をより深刻にし、問題を合理的に解決する能力を弱めてしまう可能性があるとします。つまり、経済的な問題によってもたらされた抑うつ感などのメンタルヘルスの問題と家族間の葛藤の問題は、互いに相乗的に影響し合い悪循環を起こしてしまうことを指摘するのです。

さらに、もっと重要なのは、親たちの抑うつ感や夫婦間の葛藤が子どもとの関係に大きな影響を与えてしまうことです。抑うつ的になったり、夫婦間の葛藤を抱えてしまうと、愛情と深い関わりを持って、建設的に子どもに接するポジティブな子育ての仕方にマイナスに影響してしまうし、逆に、イライラしたり、冷淡に関わったり、一貫性のないネガティブな子育ての仕方に拍車をかけてしまうでしょう。

コンガーたちは、経済的な問題が直接的に子育てに影響することすら記述します。つまり、経済的な問題に気を取られた親たちは、子育てのことに十分に気を回せなくなり、どうしても子どもへの関わりが少なくなってしまいます。こうした親たちは、子どもの要求にどうしても一貫性に欠ける対応しかできないでしょう。場合によっては、子どもたちが大きな失敗をするまでは、家計の心配などに気を取られて、子育てに注意を払うことができずにいるかもしれません。そうした状況で、子どもたちの失敗を発見した時の、親たちの叱り方はかえって激しいものになってしまうかもしれません。

児童虐待と家族ストレスモデル

こうした親子関係の変化や保護者の関わり方（それは時に児童虐待の範疇にさえ入ってくるかもしれません）が、子どもたちの情緒面や知的な発達に影響をおよぼしてしまう可能性については言を俟《ま》たないでしょう。

家族ストレスモデルは、多様なサンプルグループを対象にした量的な研究で、実証的にその適合性が評価されています。たとえば、3歳から5歳のグループ、思春期のグループ、アフリカ系アメリカ人の多い都会でのグループ、白人の多い田舎でのグループ、アメリカ以外でも、フィンランドやオーストラリア、韓国でもあてはまるとされています。

ここまで読まれた方も、お気づきのとおり、このモデルは家庭の貧困という文脈で、児童虐待の発生のメカニズムを考える時にも非常に有効なモデルだと私は考えています。

経済的な困窮（貧困）は、けっして数字のような抽象的なものではありません。生活全般に具体的に影響を与えていきます。毎日、毎月が逼迫《ひっぱく》したぎりぎりの状況で暮らしていると、生活はどうしても不安定なものにならざるをえません。しかも、それは将来も続くことが十分に予想され、生活上の不安がどうしてもつきまといます。

こうした経済的なストレスが抑うつなどの心理的な状況につながりやすいことを、きちんと理論的にも実証的にも裏づけをしたことが、家族ストレスモデルの特徴でしょう。ネガティブな心理状況は、家庭内にどうしても緊張感を生みがちですし、さらに、子育てというストレスフルな営みの最中にある親子関係に微妙な影を落とすでしょう。時に、乱暴に子どもにあたってしまったり、養育放棄的な子育てにつながってしまうかもしれません。

家族ストレスモデルの文献を調査しながら、ミドリやカズミのことを思い出していました。

ケース⑧〝先が見えない〟

小学生のミドリが保護されたのは、簡単に言えば、宿題をやらないことで母親から厳しく叱られ暴力を受けたからだった。ミドリを保護した直後の面接のなかで、母親は少し疲れた表情をしながら、僕の質問に答える形でとつとつとミドリの養育についての悩みを話してくれた。しかし、僕が母親に生活のことを聞き始めると、母親は少し表情を変え、堰を切ったようにこれまでの生活について詳細に語り始めた。

ミドリの母親は、数年前に交通事故で生死をさまようケガをしたのだが、それ以来身体がうまく動かせず働くことができない。もともと働き者の母親だったので、働けないことそのものがいらだちにつながっていた。事故直後に、生活保護の相談のために福祉事務所に行ったのだが冷遇されてしまう。その後は、交通事故の補償金を貯金し、その貯蓄でこれまでなんとか生活してきたのだが、あと半年か1年でそれも尽きてしまう。

気丈夫な母親は、もちろんそうした経済的な不安感を今回のミドリへの暴力の原因にはしない。しかし、一方で〝先が見えないんです〟とぽつんと口にする。

ケース⑨〝ちょっとしたきっかけで〟

中学生のカズミは、1年以上掃除をしていないアパートで母親とふたりで生活していた。食べた残り物や片づけられていない皿が台所にうず堆《たか》く積まれ、部屋のなかも汚れ物や片づけられていない洗濯物で足の踏み場もない。典型的なネグレクト家庭だ。

結局、母親はうつ病で入院することになり、カズミも児童養護施設で生活を始める。うつ病で入院した母親と話す機会を持つことができ、僕は少し踏み込んでこれまでの経過を聞いた。

〝きっかけはほんのちょっとしたことだったんです〟〝会社を突然くびになって、なんだか疲れてやる気が起きなくなってしまって、数日間寝込んだんですね〟〝気づいたら、部屋はすごく汚くて、もう片づけもカズミの世話もどうでもよくなってって〟〝後は、時々パートに行ってましたけど、家ではお酒飲んで寝てるだけ、カズミは勝手にやっているし、学校も不登校なのは知ってたけど、私も昼間はほとんど寝てるし〟

母親の回復は、医師もびっくりするくらい早く、退院後に新しく住み始めたアパートのなかは、きちんとしすぎるぐらいのものだった。母親が言うとおり、本来はきれい好きで、仕事もきちんとこなす几帳面な性格なのだろう。児童福祉司の僕にとっても、母親の生活のその落差にはびっくりするほどだった。

母親は、カズミが生まれてすぐに離婚。ずっと母子で頑張ってきたのだが、彼女にとってこの十数年は、仕事と家事と子育てに毎日追われ、所得も毎月ぎりぎりの状態で、いつも気を引き締めていなければならない日々だったのだろう。解雇というショックなことで、精神的な張りが一気に緩んでしまったのだろうか。

家庭内の環境

たしかに、親たちが感じる経済的なストレスを強調する家族ストレスモデルは、児童虐待などの親子関係の悪化に焦点を合わせた時に有効なモデルと言えるかもしれませんが、このモデルは、どうしてもネガティブな心理的なストレスにだけターゲットを絞りがちになってしまいます。

もっと経済的なものがポジティブに働く部分を浮かび上がらせると、違った様相を示すかもしれません。

家族投資モデルは、家庭内の教育環境や親たちの子どもへの関わりの程度による違いを媒介することによって、家族の所得が子どもたちの発達に差をもたらしているのではないかと理論づけるものです。そこで次に、家族投資モデルを見ていくことにしましょう。

経済学的な投資という観点から見れば、家族は高い所得を得ることで、子どもの成長を促進するような教育機材を購入したり、早期教育の機会を子どもに提供したりすることができます（2章で人的投資論を紹介しましたが、同じ文脈の考え方です）。ところが、貧困な家族はどうしてもすぐ目の前に迫っている必要な物資の購入に投資せざるをえず、将来のことに手を回せません。

家族投資モデルでは、前の章でも紹介したHOMEという指標を用いて、家庭内の環境を測っています（143ページ参照）。

全国調査（94年実施、サンプル数は約5700）を利用して、貧困な家庭とそうでない家庭、および人種間でのHOME得点の違いを分析した調査があります（Bradley他）。

たとえば、3歳から5歳の幼児について、子どもの発達状況に適した本を何冊持っているかどうかを親たちに聞いた質問については、貧困でない白人の場合は93・4%が10冊以上を持っていると答え、貧困な白人の場合は55・4%がそうだと答えました。ところが、貧困な黒人やヒスパニックの子どもたちのうち10冊以上のそうした本を持っているのは、わずか4割以下となってしまうのです。

親たちが本を読み聞かせたり、博物館などに連れていくなど、子どもたちの学習を促進する機会についても似たような差が出ています。

また、6歳から9歳の子の場合、スポーツや音楽、ダンス、演劇などのレッスンを受けたり、関連のある団体に所属していたりする子どもの割合も、貧困でない白人の子どもの場合は6割なのに、貧困な白人の場合は3割強となってしまいます。

子どもが10歳から14歳である場合は、親たちの体罰的傾向に貧困状況で違いが見られます。しかし、子どもを誉めたりするポジティブな養育行為については、人種間での違いを除くと大きな違いは見られません。

お気づきのとおり、家族投資モデルと家族ストレスモデルは重なる部分があります。そこで、ヤン（Yeung）たちは、家族投資モデルと家族ストレスモデルのふたつのモデルを組み

図5-2　家族投資モデルと家族ストレスモデルのコンビネーション

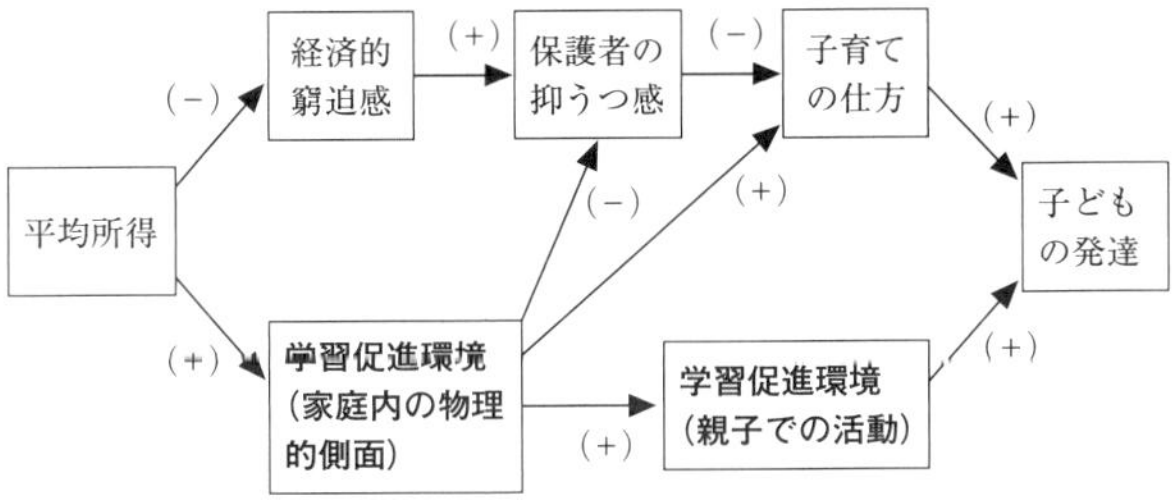

注）太字で表す変数が家族投資モデルの媒介要因

出所）Yeung, Linver, and Brooks-Gunn（2002）をもとに作成

合わせて、図5―2のようなモデルを作っています。この図のなかのふたつの「学習促進環境」のカテゴリーが、おもにHOMEなどで測られる家族投資モデルにおける媒介要因（構成概念）で、ヤンたちは、本の数や安全性などの家庭内の物理的側面と、本を読み聞かせるなどの親子間での学習的な活動の側面のふたつに分類しています。

ヤンらは、全国規模の追跡調査を使って、このモデルの一般人口での適合性を確認していますが、そのなかでヤンらは、子どもたちの知的な発達を考える時は、家族投資モデルがあてはまりやすく、子どもたちの行動面での問題性（泣いてばかりいる、いじめ、反抗的など）を考える時には家族ストレスモデルがあてはまりやすいことを示しています。

ヤンたちの研究で面白いのは、家庭内の物理的側面が、単に子どもの発達と間接的に関連性があるだけでなく、実は親たちの抑うつ感や子育ての仕方（子どもへの思いやりや体罰的な傾向）とも直接的に関連性があることを見出している点です。この関連性は、実証研究でも確認されています。

このあたりは、児童虐待の発生を考える時に、参考になる部分があるかもしれません。親たちは、子育てのために必要な物理的な環境を用意できないというだけで、自責の念や抑うつ感を覚えるのかもしれません。また、逆に、そのような環境が整っていると、子どもへの思いやりを持てるし体罰的な傾向を減らせるかもしれません。こういった子育ての前提となる家庭内の物理的な環境を考慮していくことは、意味があることではないでしょうか。

家と貧困

家族投資モデルとは別に、住居の狭さや公害等の周囲の環境を含めた家族の居住環境に注目する研究者がいます。家族投資モデルでは、本の数や楽器の有無などの子どもの知的能力を促進する刺激要因への注目に偏っていましたが、コーネル大学のエヴァンスは、さらに広い意味の、子どもたちが住む住宅の劣悪さや居住環境などの物理的な環境を問題にしています。

図5-3　工場による公害と貧困

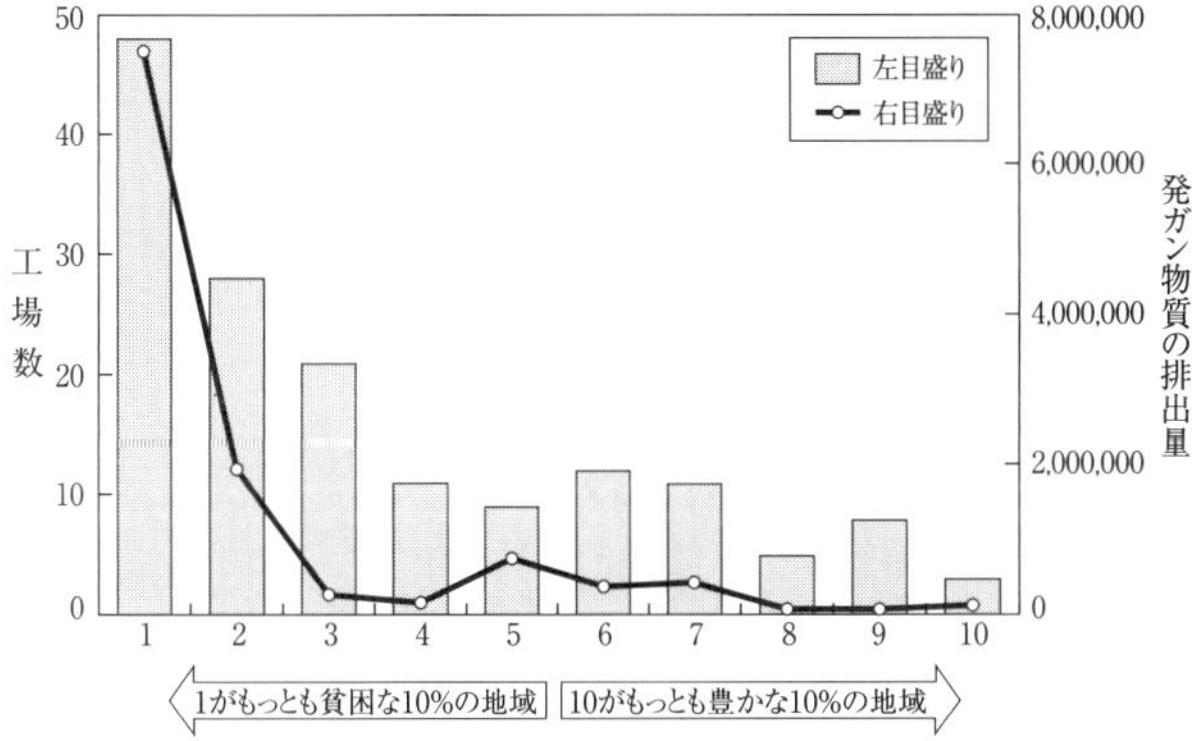

注1）イギリス全土を貧困指標によって10の地域に分ける。図の横軸"1"の地域は最も貧困な地域、"10"は最も豊かな地域となる
注2）1,000kg以上の発がん性物質を排出するイギリス国内のすべての工場を対象としている
注3）発がん性物質の排出量の単位はkg
出所）Friends of the earth（2001）

こうした家庭内外の居住環境も、深く貧困問題と関連していると考えられます。まず、大気汚染や騒音などの居住環境と貧困との関係を表すものとして、エヴァンスも引用しているイギリスのデータを示します。

図5―3は、イギリスのFriends of the earthというNPOが作成したものですが、ここからは、イギリス全土で社会経済的に最も貧しい地域（所得、健康などの指標を合算したもの）に、発がん性物質を排出する工場が多く立地していることがわかります。

さらに、排出される発がん性物質の量を分析すると、その関連性は一層強まっています。発がん性物質の66％は最も貧困な10％の地域で、82％は最も貧困な20％の地域で排出されています。しかし、豊かな50％の地域では、たった8％しか排出されません。当然、こうした環境の悪さは、子どもたちの健康面などの発達に悪影響を与えていることは言を俟たないでしょう。

家庭内の住環境としてエヴァンスが最も重視していることのひとつは、家の狭さです。もちろん、平均的に見れば、アメリカの家屋は日本に比べれば広いでしょうが、アメリカでも1部屋あたりの家族数の多さ（つまり、居住空間の狭さ）は、明らかに貧困指標と関連性があるのです。エヴァンスは、95年のChildren's Defense Fundのレポートを引用して、1部屋あたりに1人以上が住む家庭の子どもの割合は、貧困でない場合（8・7％）に比べ貧困な場合（29・4％）では3倍多いとしています。

また、90年のアメリカの国勢調査を使った研究では、持ち家に住む家庭に比べ、家を借りて住む（アパートなども含む）家庭では、2倍以上の差で狭い居住環境（1部屋に1人以上）で生活しており、1部屋あたり1・5人以上という狭さになると、借家家庭の割合は3倍以上になってしまいます。

こうした居住空間の狭さは、エヴァンスも指摘するように、子どもたちのメンタルヘルスの状態に関連します。子どもにそうした影響が見られるのは、エヴァンスが説明するように、狭い家での親子も含めた人間関係のあり方からでしょう。

ゴブたちの研究では、まず、狭い住環境に暮らしていると、他の家族からの過剰な刺激やプライバシーのなさなどを心理的に感じやすいとします。さらに、そうした心理的な媒介要因は、親たちのイライラ感や引きこもり感、無益な思考に走って計画的に行動ができない状況、自尊感情の低さ、抑うつ感などのメンタルヘルスの問題を増幅させてしまいます。また、居住空間の狭さは、夫婦関係や子どもたちとの関係の悪化、家庭内での攻撃的な行動や暴力、口げんかの多さにもつながってしまいがちです。

子育てに関しても、部屋の狭さはマイナスの影響をもたらすことをゴブたちは検証しています。つまり、狭い住環境にいることで、親たちは、子どもたちのちょっとした騒々しさやわがままをより強く感じてしまい、子どもたちによってイライラさせられたり、くたくたに疲れさせられるという感情を持ってしまう傾向があります。

ちなみに、ゴブらの研究は、親の教育年数、所得、人種、婚姻関係などをコントロールした研究です。

アメリカでインターンをしている間に次のような事例に出会ったことがありました。

ケース⑩ 〝性的虐待の通報なのに〟

ジェシカは小学校2年生。男の子にキスをしたりスカート内を覗かせたりする行為や性的な自慰行為があったりするという、性的虐待の被害を疑わせる内容の通報が、小学校から入り緊急的に学校と家庭を訪問調査した。これまでも、子どもだけで外で遊んだり家庭内の衛生状態に問題があったりするなど、5回以上の通報が入っているケースだ。

まず学校で、姉のサラと一緒にジェシカに会い少し話を聞いた。とても素直そうに見えた彼女たちは、性的な出来事についての質問にもきちんと答えてくれたが、明確に性的な虐待と思えることは語らなかった。

その後、事前の連絡なしに直接家庭に向かった。2部屋しかないアパート住まいのジェシカたちの家に入った途端、家のなかの乱雑さに僕は少々びっくりしてしまう。

このアパートに、母親とジェシカとサラ、さらに、3歳の男の子、2歳の双子の計6人が暮らしている。アパートのなかにはベッドが3つ置かれ、洋服やら幼児たちの遊具やらが所かまわずに放り出され、そのなかでは幼児たちが走ったり飛び跳ねたりしている。壁は一部剝《は》がれ落ち、内側の金属の部分がむきだしになっている。割れた窓ガラスを修理できていないのか、一部ベニヤでふさがれたままになっている。

ここで、さっきまで話をしてくれたジェシカとサラが学校から帰ってどんな生活をしているのか想像したが、とても心休まる環境にないことだけは確かな気がした。

母親に今回の訪問の理由を伝え事情を聞くが、どうしても性的な虐待のことではなく、いったいどうやって生活しているのかに話が向いてしまう。冷蔵庫のなかに食糧が十分にあるかを確認しようとしたら、母親は「壊れている」と言う。

事務所への帰りの車のなかで、同行したソーシャルワーカーの方に、「これって、性的虐待ケースですよね」と思わず質問したら、彼女は「その前にやることがあるわね」と答えた。

「住宅貧乏」の国・日本

私は、日本でも、こうした狭い住環境の問題は、貧困な家庭においてかなり深刻な影響を子どもたちに与えているのではないかと日常の仕事のなかでずっと感じてきました。また、そのことがとくに日本では、児童虐待と貧困の関連性を深める大きな媒介因になっているように思えてならないのです。

たしかに、全体的に見れば住宅の平均床面積は近年拡大しています。しかし、30平方メートル以下という極端に狭い住宅の割合は、あまり変わっておらず、日本においては居住格差が顕著に見られるのです。また、こうした居住格差には所得との関連性が明確に見られます（「住宅土地統計調査」）。

日本で「居住福祉」という概念を導入し、わが国の居住環境がいかに劣悪であるかを指摘し続けているのが、早川和男氏や岡本祥浩氏です。居住格差についても両氏の指摘です。

早川氏は『住宅貧乏物語』（岩波新書）という著書で、狭い居住空間などの問題を持つ劣悪住宅がいかに子どもたちの健康や発達、家族間の人間関係にまで影響をおよぼすかを丹念に描き上げています。

さらに、早川氏と岡本氏は、尼崎市内の小中学校の家庭訪問を実施した先生たちとその担当児童・生徒（サンプル数９３４）を対象に、子どもたちの発達と住居の関連性を調べています。

このなかで、専用の洗面台がない住宅で生活する子どもたちには、洗面などの生活習慣を身につけていない傾向があることや、１人あたりの部屋数と学校の成績には関連性があることなどを指摘しています。学校の成績については、年少児では顕著ではないですが、高学年になると家が狭いと成績が下がる傾向が明確になっています。

また、テレビを見たりTVゲームをしたりする時間も、中学生になると、家の狭さや子ども部屋の有無と関連性を示しており、家が狭かったり子ども部屋がなかったりすると、どうしてもこうした刺激に気を取られてしまうことが指摘されています。

児童虐待と住宅の貧困

児童虐待の問題があるとされる家庭を訪問させていただいて、いつも感じていたことのひとつはこうした住居の狭さ、貧困さでした。

3章で示した高橋重宏氏（日本子ども家庭総合研究所）らの研究からも、保護を必要とするような深刻な児童虐待を受けている子どもたちは、多くの場合、賃貸住宅で生活していることがわかります。持ち家率は、わずかに15％ほどです。わが国の持ち家率は、全世帯の60％を超えている（「平成15年住宅土地統計調査」）ので、虐待を受けた子どもたちの家庭の持ち家率の低さが目につきます。

前述の岡本氏によれば、賃貸住宅と持ち家では、居住水準（床面積）にかなりの格差（1対2・7）があり、諸外国と比べるとその差が顕著だと言います（アメリカは、1対1・4、イギリス、1対1・2、フランス、1対1・4）。（『居住福祉と生活資本の構築』）。

私も仕事のなかで、借家やアパートに住む児童虐待があるとされる家庭の多くが、部屋数で言えば、2間や3間以下の住宅で暮らしており、子ども部屋を持っている家庭が少数であることを実感してきました。

私は、自らの児童相談所での経験をもとに、前出の上野加代子編著『児童虐待のポリティクス――「こころ」の問題から「社会」の問題へ』という本に、次のように書いています。少し引用が長いですが。

「僕は、家庭訪問中に親御さんと話し込むことも多いのだが、小さな子どもたちが家にいると、彼らは親御さんや僕の周りにまとわりついてきて、僕らの話に珍しげに首を突っ込んでくる。子どもたちだけで遊ぶ部屋もなく、狭い家の中でエネルギーをもてあましているのだろう。そうした時、親御さんたちは子どもを本当にうまくあしらってくれる。でも、小さな子どもたちの行動は、予想も付かないことが多い。短い家庭訪問の時間中にもいろいろなハプニングが起きる。いたずらも多いし小さな怪我をすることもある。狭い住環境であろうと親御さんたちは必要な家財道具は持っていなければならず、小さな子どもたちをのびのび遊ばせておく部屋なんて用意できないし、家財道具が一杯つまった部屋の中で、子どもたちに怪我をさせないようにいたずらをしないように一日中気を配っていなければならない。部屋の整理なんてとっても追いつかない。『片付いてなくて御免なさい』と親御さんたちは申し訳なさそうに、訪問時、僕を部屋に招き入れてくれるのだが、話し込んでいるうちに片付けにまでとっても手が回らないのも仕方ないなと実感してしまう。

年長の子どもたちにとっても、当然、狭い住環境は問題をはらんでいる。年長の子どもたちなら当然確保されていいはずのプライバシーが保てなかったり、勉強に打ち込もうにも落ち着いて勉強できる空間がないなど、それは深刻な問題だ。また、現在では、周囲の子どもたちが自分の部屋を持っていることは当たり前だが、自分の家ではなぜ違うのかと情緒的な疎外感を抱いてしまうかもしれない。

年長の子どもたちにとって、さらにシビアなのは、二間、三間以下の住居に家族三、四人以上が暮らすような狭い住環境では、親子関係の中に摩擦やあつれきを生む機会が著しく増大する可能性があるということだ。つまり、親子関係が良い状況の時には家族の凝集性が増して良いのかもしれないが、いったん、何かトラブルが発生すると（トラブルの発生も家の狭さゆえに多いだろうが）、親子関係はすぐに煮詰まって、かえって反発のエネルギーが発生してしまう。さらに、狭い住環境のなかでは、互いが刺激しあう機会が多すぎて、そうした反発のエネルギーの出口を見失ってしまう。特に、思春期の子どもたちは、その成長過程のなかで、親たちとの不安定な関係が強まる危機の時期にあるのである。そうした子どもたちにとって狭い住環境の中で親たちと暮らすことは、それだけでも大変なことであり、それは親たちにとっても同様だろう。こうしたことは、小さな子どもたちの場合も似たような状況を生むし、夫婦関係でも同様である。夫婦関係はドメスティック・バイオレンスに発展してしまうかもしれず、子どもたちにも間接的な影響を与える」

こうした住居の貧困さは、早川氏や岡本氏が指摘するように、公的住宅の供給量を低下させ、民間の賃貸住宅の居住水準の向上を図る策などをまったく施してこなかった政府の問題であり、そうしたわが国の居住福祉の貧困さが児童虐待問題の媒介要因になっているのかもしれません。

ひとり親家庭

さて、次にひとり親家庭を考えてみましょう。1章で、ひとり親家庭の問題を取り上げました。世界的に見て、日本のひとり親家庭は、経済社会的にかなり特異な状況にあることがうかがえました。アメリカの「ウェルフェア・マザー」のことにも若干触れました。また、3章では、ひとり親家庭では児童虐待の発生率が高いことも示しました。ひとり親家庭の問題を他の要因（ストレスや物理的な環境）と並行して取り上げることに若干疑問がないわけでもないのですが、以下の理由からどうしても触れないわけにはいかないのです。

まず、アメリカでは、ひとり親家庭で生活している貧困な子どもの絶対数そのものが非常に多いのです。貧困状況で暮らす子どもたち（約1200万人）のなかで、ひとり親家庭で暮らす子どもたちの数（約800万人）は、ふたり親家庭に比べ約2倍にもなります。母子家庭だけでも、貧困な子どもたちのうち約6割を占めます。

日本でも、離婚率は上昇しひとり親は増加傾向にあります。また、1章でも述べたようにひとり親家庭の貧困率は非常に高いのです。

次に、アメリカでは、とくにひとり親家庭の大半を占める母子家庭の問題は、政治的にも学問的にもつねに議論百出のテーマなのです。それは、たしかにいま述べたように、母子家庭の問題が貧困の問題とつねに隣り合っているという現状からも、議論の対象となるのですが、同時に母子家庭そのものに対する私たちの価値観がこの問題につきまとうからです。

つまり、男女両性の平等を求める人たちの視点からは、ひとり親家庭の問題は、男女がカップルとなって暮らす家庭内の性に基づく不平等さに起因するものであって、けっして社会的にもネガティブなものではない、となります。しかし、保守的な人から見れば、ひとり親家庭は伝統的な家庭の価値観を崩すものでしかなく、社会の退廃を象徴するものだ、となります。

こうしたことで、母子家庭の貧困問題を解決する上でも、ふたつの選択肢が出てくるのです。母子家庭そのものの数を減らし貧困問題を解決するか。それとも、母子家庭の所得を増やして貧困問題を解決するか、というふたつの選択肢です。

ブッシュ政権は前者の方向を極端に推し進めたひとつの例と言えるでしょう。ブッシュ政権の代表的なシンクタンクであるヘリテージ財団のレクターという論者は、05年の連邦下院のある委員会で次のように証言し、婚姻を促進する政策そのものがひとり親家庭の子どもの問題を解消することにつながるとします。

「長期におよぶ子どもの貧困問題の約80％は、離婚・婚外出産の問題から発生している。（中略）父親不在の家庭の子どもたちは、情緒的・行動的問題、高校中退、ドラッグやアルコール依存症、犯罪の問題をより多く経験し、さらに大人になっても、結局のところ福祉受給者となる」

たしかに、ひとり親家庭での子どもたちの発達は、そうでない家庭に比べ、不利な結果を示しがちです。たとえば、多くの研究から、ひとり親家庭では、子どもの貧困率だけでなく、高校を中退する率や10代で出産する率などが高いことが示されています。

ひとり親家庭の負の側面を払拭した研究

学問的にも、70年代以前の研究では、ひとり親家庭の負の側面がかなり誇張されていました。つまり、家庭内に男性としてのロールモデルがないゆえに、アイデンティティの問題や性的な問題を起こしやすいことが強調されるなど、ひとり親家庭は社会的に逸脱したものであり、結果として逸脱した子どもを生み出してしまうという社会的な偏見をそのまま反映したものでした。

実は、こうした学問的な流れを変えたのが、アメリカではひとり親家庭の社会経済的な状況に焦点を置いた一連の研究だったのです。社会経済的な側面へ注目することが、こうしたひとり親への否定的な見方を変えていったのです。2章で見た貧困の文化論の議論に似ています。

その代表的な研究であるマクラナハンたちの論文を見てみます。

全国規模の追跡調査を使ったマクラナハンたちの研究では、子どもたちの「高校を中退する率」「10代で出産する率」「高校卒業後も仕事もせず大学等にも行かない（日本で言う「ニート」）率」における、ひとり親家庭である場合の影響を表しています（図5―4）。

この図の左の棒グラフは、人種や性の違い、父あるいは母親の教育年数、きょうだいの数の違い、住んでいる地域の違いをコントロール（考慮）した場合の、ひとり親家庭とそうでない家庭の3つの指標上の率の違いを示します。ここではまだ、「家族の所得」の違いはコントロールされていません。グラフからわかるように、「高校を中退する率」で6％の違い、「10代での出産率」で9％、「ニート」率で11％の率の差が、ひとり親家庭とそうでない家庭で見られます。

ところが、「家族の所得」を考慮に入れると、右の棒グラフが示すように、各指標における違いはかなり下がってしまいます。約35％（「ニート」率）から50％（「高校中退率」「10代出産率」）も減少します。

実は、ひとり親であるかどうかによって子どもの発達（知的な発達など）に違いが見られるかどうかを調べた他の多くの研究でも、マクラナハンらの研究と同様に、所得を考慮に入

図5-4　ひとり親家庭における子どもの発達と家族の所得

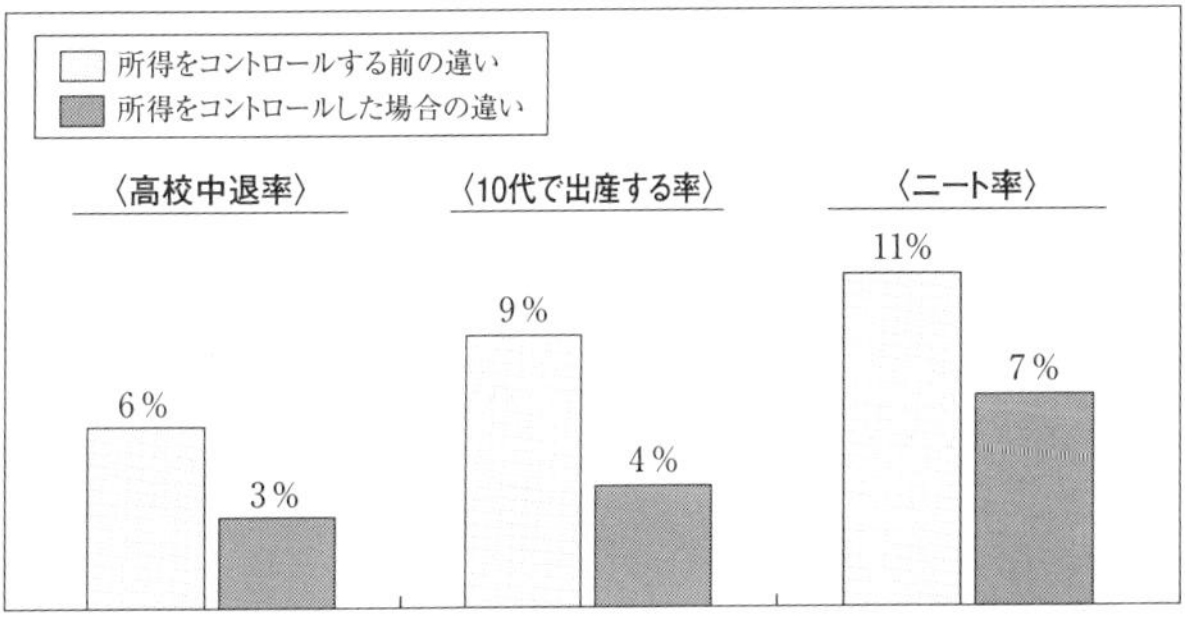

注1）人種、性、親の学歴、きょうだいの数、住居地の違いはつねにコントロールされている。所得は、子どもの年齢が16歳時のもの

出所）McLanahan and Sandefur（1994）より作成

れると、ひとり親であるかどうかは統計的に有意を示さなくなってしまうものがほとんどなのです。

こうしたことで、学問的には、ひとり親家庭における子どもの発達面の不利状況については、ひとり親家庭そのものの構造の問題以上に、ひとり親家庭であることにともなう経済的な問題が、大きな要因であると考えられるようになってきています（若干の揺り戻しもありますが）。

解決のための方法論については、政治的に保守派とリベラル派で方向に違いがありながらも、ひとり親における子どもの発達の問題を考える時に、貧困の問題を考慮に入れない限り解決に至らないことは、コンセンサスが得られていると言えるのではないでしょうか。

ひとり親の育児の大変さ

さらに言えば、マクラナハンたちも指摘するように、ひとり親家庭では経済的な困窮だけでなく、子育てそのものの大変さを抱えています。

ふたり親家庭に比べ、ひとり親家庭では、家事、育児、仕事すべてをひとりで抱え込みながらこなしていかなければなりません。職場での長時間労働に身体的に疲労し精神的にもストレスを抱えても、家に帰ってくると、ほっとする間もなく、育児と家事にとりかからなければなりません。

子どもたちから見れば、ふたり親家庭に比べて、どうしても関わってくれる時間が少なくなってしまいます。

私が出会ったひとり親家庭の親御さんも、本当に時間を切り売りしながら、綱渡りのようにして生活していらっしゃる方が多かったのです。とくに、育児だけを考えても、ふたり親家庭であれば、ふたりで役割を分担したりできるのに、「一人二役はどうしてもできないよ」と吐露される親御さんもいました。

ひとり親における養育の問題は、本当に社会的な支援を要する問題です。家族の工夫や努力だけで解決することには限界があります。日本の政府は、ブッシュ政権のようにひとり親家庭に対するあからさまなバッシングを行ったりはしていないようですが、ひとり親家庭への経済的な重要な支援である児童扶養手当を減額することを企てたり（実施は阻止された）、生活保護の母子加算の廃止を決めたりして、社会的な援助をできるだけしたくないという姿勢がはっきりしています。

社会的サポート

家族がたとえ貧困に直面しても、友人や親類など家族外からの適切なサポートがあれば、子どもたちにもあまり影響を与えないですむかもしれません。

家族ストレス理論をもとに考えても、友人や親類が直接的に金銭や物資を提供したり、精神的なサポートをしたりすることができれば、経済的なストレスを和らげることができ、親子関係や子どもたちにおよぼす影響を防ぐことができるでしょう。

しかし、貧困な家庭は豊かな家庭と比べて、こうした社会的なサポートをどの程度受けているのでしょうか。

多くのアメリカ国内の全国調査では、低所得家庭は貧困でない家庭に比べ、こうした社会的なサポートの量もコンタクト数も少なく、さまざまな社会的組織との関わりも薄いとされています。また、ひとり親家庭がそうでない家庭と比べ孤立しがちだという研究もあります。

日本においても、松本伊智朗氏は小学生・中学生の子どもを持つ約2000人の親を対象とした調査で、子どものことで相談相手が家庭内にも外にもいないと答えたのは全体の約4%に過ぎなかったが、それはかなり低所得家庭に偏った分布になっていた

表5-1　社会的サポートと所得：子どものことで家族内外に相談相手がいないと答えた親の割合

年収(円)	%
～200万	18.1
～300万	9.8
～400万	4.0
～500万	2.1
～700万	2.0
～1,000万	0.0
1,001万～	1.4

注）小2、小5、中2の子を持つ親を対象
出所）松本(2002)

ことを示しています（表5―1）。

これは、児童相談所での私の経験とも一致します。かつての日本では、豊かな家庭に比べ、貧困な家庭の方が隣近所や親類縁者との関係が密接であるかのように思われていた時代があったのかもしれませんが、現代ではそうした現象は見られなくなっています。都市化の進行とともに、近隣や親類とも孤立し、必要な子育ての援助も得られずに親御さんだけで養育をされている家庭がほとんどです。経済的に立ちゆかなくなっている家庭ほど、そうした孤立感は大きいように思えます。

しかし、これは低所得家庭に社会的サポートが必要ではないということを意味しません。

逆に、子どもへの体罰的傾向、家族の所得、社会的サポートの関係性を調べた研究では、低所得家庭ほど、社会的サポートがあることが子どもへの体罰傾向を減らすことに役立っているのです。豊かな家庭では、低所得家庭に比べ、子育てに関して社会的なサポートのネットワークに頼る必要はないのかもしれません。ところが、貧困な家庭の親では、緊急時などに頼める人の数が多ければ多い人ほど、子どもへの体罰的傾向は少ないのです（Hashima and Amato）。

ガルバリーノは、70年代から80年代のシカゴで児童虐待の発生率と地域の貧困率との関連性を調べた研究者です。1章や2章で書いたように、アメリカでは地域ごとの貧富の格差があまりに大きいために、児童虐待も地域ごとで発生率がかなり異なってしまいます。そして、みなさんも予想されるとおり、地域ごとの貧困率と児童虐待の発生率はかなりの程度相関関係を示します。

ガルバリーノもシカゴ市内の調査で、児童虐待の発生率と地域の貧困状況を示す指標の間に明確な相関関係を見出すのですが、同時に彼は、複数の同じように貧困な地域でも、児童虐待の発生率に若干の違いが見られるのはなぜかと疑問を持つのです。

そこでより詳細な調査を行い、彼はそうした貧困な地域間で、地域内の雰囲気にかなりの違いがあることに気づくのです。つまり、児童虐待の発生率の高い貧困な地域では、子育てを助け合う、子ども同士が一緒に遊ぶなどの近隣の住民間の交流も少なく、地域への所属意識にも欠けることを見出すのです。

ガルバリーノたちの研究は、生態学的研究と言われるもので、児童虐待の発生を考える場合も、低所得などの経済的な資源と併せて、コミュニティのなかで家族が持つ社会資本の存在（インフォーマルおよびフォーマルなもの）を考慮に入れるべきだと提唱しています。

リスクの累積性とストレスフルな生活上の出来事

ここまで、子どもたちの貧困と発達を媒介する要因をいくつか見てきましたが、先に述べたエヴァンスは、こうした要因のひとつひとつに注目するのではなく、さまざまな要因が重なっていくこと、つまりはリスクの累積性に着目するべきだと主張しています。

たとえば、“Child Development”誌に掲載されたエヴァンスの論文では、こうしたリスクは合計6で、居住環境的な要因、心理社会的な要因のふたつに分類されています。居住環境的な要因は、「家の狭さ」「騒音」「家庭内のクオリティ」の3つです。「家庭内のクオリティ」は、「本・玩具などの物理的環境」「家の清潔さ」「住居の構造的な質」などで構成され

図5-5　リスクの累積性と貧困

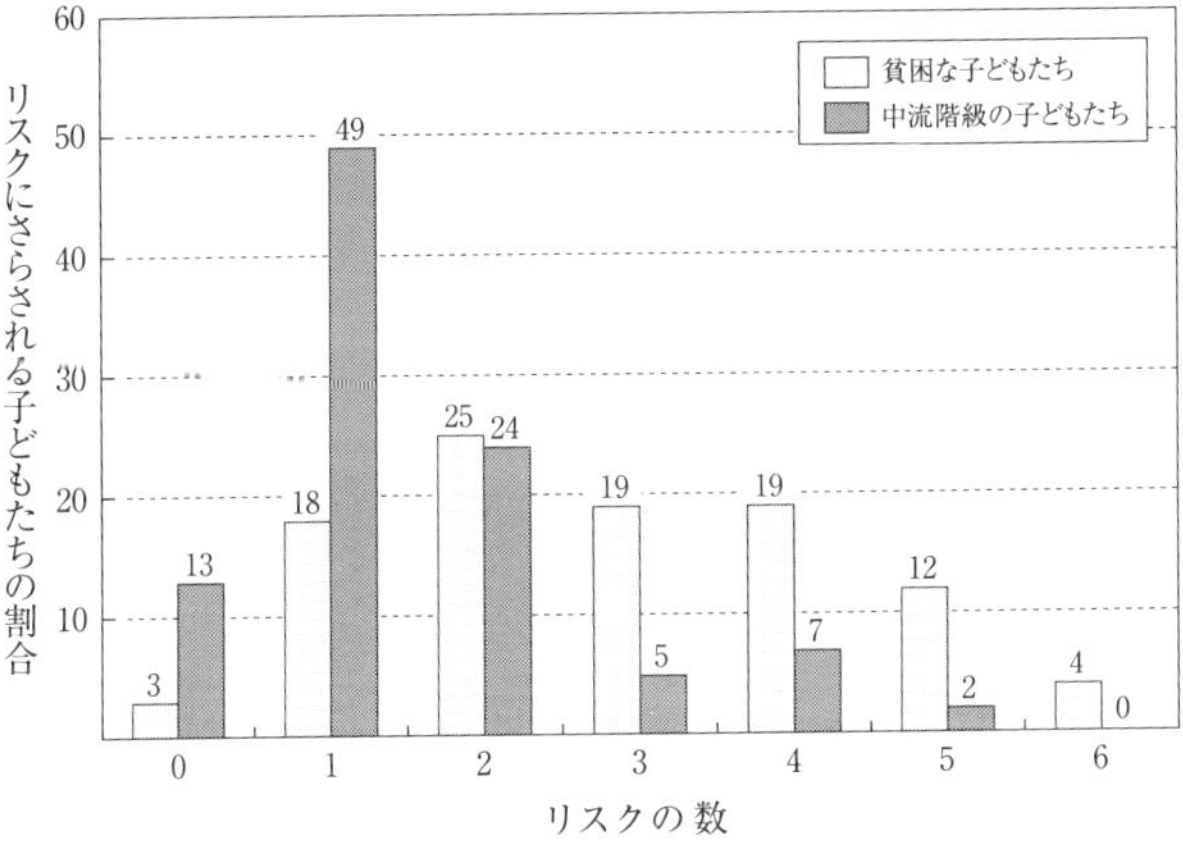

出所）Evans（2002）および Evans and English（2004）より作成

ています。さらに、心理社会的要因は、「家族と離ればなれに暮らす経験」「家族関係の混乱」「家族内外の暴力」です。

さまざまな子ども向けのプログラムに参加している287人の子どもたちとその家族がサンプルです。この研究のなかでエヴァンスは、**図5―5**のように、貧困な子どもたちと貧困でない子どもたちの間で、子どもたちが抱えるリスクの数の顕著な差を検証しています。

エヴァンスも強調しているように、こうしたストレスフルな環境要因（居住環境的なものと心理社会的なものを含めた）の累積性という点は、もしかしたら貧困問題に特有なことなのかもしれません。

大都市に住む小学生を対象にした調査でも、1年以内に経験した住居の移動、家族や親類の死亡や重大な病気、里親で生活する経験、暴力を目にするなどのストレスフルな生活上の出来事（life events）の数は、貧困地域に住む子どもたちに多く見られました。また、この場合の出来事の数は、子どもたちの攻撃性の指標と正の関連性を示し、さらに1年後もその関連性は継続していました（Attar他）。

これは、子どもに限ったことではなく、大人にもあてはまる気がします。たとえば、リエムらは、抑うつなどのメンタルヘルスに関する病因についての複数の研究を概観し、メンタルヘルスの問題を持っている社会的に低階層の人たちは、自分たちでコントロールできないストレスフルな生活上の出来事（失業、火事、身体的な病気、怪我、親族の死亡、犯罪に巻きこまれること、コミュニティの問題など）をより多く経験していたことを見出しています。また、こうしたストレスフルな出来事によって、引っ越しをしたり家族のメンバーが変更したりするなどの生活上の変動を多く経験していることも、メンタルヘルスの問題を持つ低階層の人々の特徴だとリエムらは指摘しています。

リエムらが指摘するように、たしかに豊かな人々にもさまざまな生活上の出来事（life events）が起きるのですが、社会的に低階層の人に起きる出来事というのは、彼らが望まないものが多く、また彼ら自身には制御できないどうにもならないことばかりなのです。また、リエムは、こうした貧困な人たちの生活上の出来事に対する脆弱さの原因を、家庭内や社会的なサポートの質や量における、豊かな人との違いにあると考えているようです。

こうした貧困の周縁にある複数の要素の累積性に注目することは、私が前章で取り上げた〝問題が問題を生む〟という貧困の特徴と重なってきます。

2章で取り上げたシプラーも、次のように言っています。

「ほとんどあらゆる家族にとって、貧困の構成要素は経済的でもあれば心理的でもあり、個人的でもあれば社会的でもあり、過去のことでもあれば現在のことでもある。どの問題もその他の影響を増幅させ、すべてがしっかりと結びついているため、ひとつの不運がもともとの原因からずっとかけ離れた結果をともなう連鎖反応を引き起こすことがある」

もし、このように貧困にまつわる種々の要因が重なり合うように、子どもたちや家族に影響をしているとしたら、私たちソーシャルワーカーが彼らを援助する方法にも工夫が求められるような気がします。

Ⅲ　対策

6章　生活保護と児童養護施設はいま？

この章と最後の7章では、この本のまとめとして、子どもの貧困やその発達への影響に対する政策や取り組みについて考えていきます。まず、この章では、日本の制度について検証をしてみたいと思います。

世界的に見ると、各国政府による社会保障などの所得再分配政策によって、子どもたちはかなりの程度、貧困状況から抜け出すことができていることを1章で触れました。ところが、日本の場合、児童扶養手当や児童手当などの所得再分配政策が、子どもたちの貧困防止のためにまったく機能できていないことが、他国との比較からもおわかりいただけたと思います。

ここでは、もうひとつの代表的な日本の所得再分配施策である生活保護制度に少し検討を加えてみることで、子どもたちが貧困状況から抜け出すことに、この制度がどうしてあまり寄与できていないのかを考えてみます。

また、この章では、直接的には所得再分配政策とは関連しませんが、児童養護施設のことについて触れています。前の章でも少し触れたアメリカの研究結果と同様に、日本の貧困な子どもたちも、そうでない子どもたちと比べ、家族と離ればなれの生活を体験しがちだと思います。親族などが援助できない場合、こうした子どもたちが生活する代表的な場所が児童養護施設でしょう。

もちろん、貧困な子どもたちをめぐる日本の制度は、生活保護と児童養護施設だけではありません。しかし、両方の制度はいま変革が迫られてきています。子どもたちの貧困という視点から、この両方の制度の変革を考えるとき、何が見えるかを議論してみたいと思います。

生活保護制度はいま

06年から07年にかけて、生活保護制度の問題がマスコミで繰り返し取り上げられました。ご存知のとおり、「ヤミの北九州方式」とも呼ばれる、北九州市の生活保護行政のあり方をめぐっての批判です。07年7月には、生活保護を打ち切られた男性が「おにぎりが食べたい」と記された日記を残して餓死する衝撃的な事件さえ起きてしまいました。

このころから、北九州市の生活保護制度の運用について、「水際作戦」という言葉で形容されるようになってきました。「水際作戦」とは、「生活保護の申請に至る前に相談の形で処理し、申請の岸辺に手をかける前に、切り捨てて水中に落としてしまい申請をさせない方法」と言われています。具体的には、「申請者にやたらと書類をたくさん要求し、いろいろな理由をつけて申請書を渡さない。たとえば、離婚した母子世帯に対して、前夫の扶養の意思の確認書を求めたり、前夫に対する扶養についての調停の申し立てを行わないと申請を受け付けないなど」の方法が採られていると、弁護士の尾藤廣喜氏は91年に書いています。

北九州市では、数値目標を決め生活保護受給家庭数をコントロールしていたようでもあり、他の政令指定都市が90年代後半以降、経済不況から軒並み生活保護率を上昇させていたにもかかわらず、北九州市のみ横ばい状態でした。

では、北九州市以外でも「水際作戦」は、行われてきたのでしょうか？　91年に、尾藤氏がこの言葉をすでに用いていたように、「水際作戦」という用語はけっして北九州市の今回の一連の事件を表すだけのものではありません。尾藤氏から見れば、これは以前から全国的に見られた問題だとなるのでしょう。

私は、児童福祉司として、いくつかの市の地区担当をしたことがあります。生活保護を利用したり申請を考えたりする親御さんも多く、いくつかの市の生活保護のあり方を相対的に比較してみることもできました。そうした限られた経験からですが、生活保護制度の運用については、実は市によってかなりの違いがあるのではないかと感じてきました。

明確に言えるのは、多くの市はきちんとした対応を行っているし、少なくとも北九州市のような数値目標の存在は聞いたことがありません。しかし、残念なことに、私が担当した親御さんの何人かの方は、「水際作戦」に似た対応を生活保護の窓口で受けたという経験をお話ししていたことも事実です。

〝子どもを施設に入れて働いたら？〟

この本の「はじめに」で述べたシンたちのことについて書いてみます。母子家庭が生活保護を申請しようとすると、時に起こりうる例がそこに見えるからです。

シンたちの母は、家賃を滞納してアパートから立ち退かざるをえなくなりました。実は、アパートを追い出される前に、福祉事務所に相談に行っていたのですが、残念ながら生活保護を申請させてもらえなかったとのことでした。そのとき、福祉事務所の職員から言われたことの要点は〝子どもは児童養護施設に預けて働いた方がよい〟ということだったとシンたちの母親は語りました。

誤解しないでいただきたいのですが、多くの福祉事務所ではこうした対応はしません。しかし、いくつかのケースで似たような事例を見聞きしたこともまた確かです。

私は、親御さんと一緒に福祉事務所に行って、相談に加わらせていただくこともあるのですが、生活保護担当のソーシャルワーカーの方から〝児童養護施設を利用することはできないでしょうか？〟と直接的に私自身が尋ねられたこともあります。

私から見ると、このソーシャルワーカーはとても実直な方で、生活保護の業務を忠実にこなしていることがうかがえました。けっして、冷徹な感じの方ではありませんでした。

逆に、きちんと業務をこなしている方から、こうした提案を受けたことが少しショックだったことをよく覚えています。その時に強く感じたのは、私たち児童福祉司と福祉事務所のソーシャルワーカーの方たちの間にある、認識の違いや溝のようなものでした。その溝の正体の一端を理解したのは、元生活保護ソーシャルワーカー・大山典宏氏の本（『生活保護vsワーキングプア――若者に広がる貧困』ＰＨＰ新書）を読んだ時でした。

大山氏の指摘によれば、現状の生活保護ソーシャルワーカーの仕事は、どうしても不適正な生活保護費の支給をチェックすることが優先されてしまいがちです。もちろん、不適正な支給を減らしていく努力は必要です。生活保護のお金は、税金から支出されているのですから。

しかし、大山氏の文章からもわかるように、どこからが制度の適切な運用でどこからが不適切な運用かは、非常にあいまいなのです。たとえば、生活保護制度では、仕事をする能力がある人に対しては、まず就労をすることが求められますが、一方で、仕事をする能力がある人にも申請は可能であり、仮に収入などが一定の基準以下であれば生活保護を受給できます。大山氏もこうした状態を「二重基準」と呼んでいます。

こうしたことで、福祉事務所全体のやり方や方針によって、同じような人が制度を利用できたりできなかったりすることが生じてしまいます。「水際作戦」のような違法な事態さえ起きてしまうかもしれません。

では、児童福祉司はどう考えるか。それは、ここまでこの本を読んでいただいたみなさんであればご理解いただけると思います。私が、これまで書いてきたのは、アメリカや日本のさまざまな研究を駆使していますが、児童福祉司が日頃感じていることや大切にしたいと考えていることをまとめただけです。

簡単に言えば、私たち児童福祉司は、まず子どもにとってその援助方法が良い結果を生むだろうかと第一義的に考えるのです。もし、生活保護が利用できずに、子どもたちや家族が貧困状況に置かれ続けたらどうなるだろうか？　もし、児童養護施設などに子どもたちが入所し、親子が離れればなれになったらどうなるだろうか？

オックスフォード大学教授が見た日本の児童養護施設

子どもたちが貧困状況に置かれ続けることの影響は、これまで見てきました。では、そうした影響を防ぐために、児童養護施設に子どもたちが入所すれば、問題は解消するのでしょうか？

その答えを探るヒントとなる研究があります。90年代はじめから、日本で実際に生活しながら日本の児童養護施設を研究してきたR・グッドマンは、オックスフォード大学の社会人類学の教授です。彼は、児童養護施設でボランティアなどをしながら、日本の児童養護施設のあり方をフィールドワークしてきました（『日本の児童養護――児童養護学への招待』）。

イギリスの児童福祉にも造詣が深い彼にとって、日本の児童養護施設のあり方はかなり不思議に思える部分が多かったようです。そのひとつは、日本ではまだ集団生活を基本とする児童養護施設が、子どもたちが保護される多くの場合に利用されていることでした。

児童虐待の問題が社会的に認知されるようになってから、多くの方にとって児童養護施設の存在は、少しずつ身近なものになりつつあるかもしれません。現在、全国約500の児童養護施設に3万人の子どもたちが生活しています。平均60人単位の子どもたちが、ひとつの施設で生活していることになります。しかし、これは平均であって、グッドマンが指摘するように、10%以上の施設では100人以上の集団で生活しています。

たしかに、施設独自の努力で、小規模の生活の場を作っているところがありますが、多くは同じ敷地内で10〜20人のグループに分けることがやっとの努力でしょう。しかし、児童養護施設の職員がそれでよいと認識しているわけではありません。長い間、そうした状況を見て見ぬふりをし、抜本的な変革に乗り出さなかった国の責任であり、私たちやマスコミの社会的な「目」や「声」の問題でしょう。

私は、担当した高校生の子どもたちが「友だちに、施設で生活しているって言えない。だって友だちを連れてきにくいじゃん」と話すのを何度も耳にしてきました。児童養護施設に対する社会的偏見ゆえに、友人に言い難いという部分もあるかもしれませんが、それ以上に「同じ敷地内に60人以上の子どもが暮らすという環境は、家庭というものとはあまりに違う」

という子どもたちの感覚は間違っていないと思います。

1909年のアメリカ・脱施設宣言

では、グッドマンの出身国・イギリスや、私が住んでいたアメリカでは、保護が必要な子どもはどのような場所で暮らしているのでしょうか。

実は、欧米では日本のような集団生活を基本とする児童養護施設は、現在ほとんど存在しません。アメリカでは、約7～8割が里親宅で、残りが少人数で暮らすグループホームなどで子どもたちは生活しています。

アメリカにも、かつては集団生活を基本とする施設、いわゆる、孤児院が存在しました。しかし、1909年に当時の大統領ルーズベルトによって開催されたホワイトハウス会議において、次のような有名な結論が得られてからは、孤児院は急速に解体をしていったのです。

「家庭生活とは、文明化社会の最も重要で洗練された産物だ。それは、子どもの個性や情緒というものを形づくる最も大切な要因だ。子どもたちは、緊急的でやむにやまれぬ場合を除いて、そこから排除されるべきではない」（Myersからの引用）

この会議では、施設でのケアと里親でのケアが比較検討され、できる限り家庭的な場で生活することが必要だと結論づけられています。

もうひとつ、この会議では、子どもたちは家庭が貧困だという理由だけで、家庭から引き離されるべきではないともされているのです。

日本の場合は、戦後の法律の制定により、孤児院は養護施設（98年の法改正で「児童養護施設」）に名称が変更になりました。しかし、欧米と異なり、日本の場合は、施設の解体ではなく、単に名前が変更されたり、施設機能が改善されたりしたに過ぎないと考えるべきでしょう。子どもたちの集団生活は基本的には変わりませんでした。児童養護施設は、旧態依然とした孤児院の継承態にしか過ぎないと、グッドマンは批判しています。

実は、ようやく厚生労働省も改善に向けて動き始めました。07年12月に同省の社会的養護専門委員会が出した報告書には、家庭的養護の拡充が謳われ、里親家庭とグループホームの数を増やしていくことが記されています。こうした流れのなかで、いくつかの先駆的な児童養護施設がグループホームを設置し始めています。

しかし、これはアメリカが〝脱施設宣言〟をしてから、ほぼ100年目のことです。

職員の少なさ

グッドマンが指摘する日本の児童養護施設のもうひとつの問題点は、職員が極端に少ないことです。児童養護施設の職員配置は、国が最低基準を作ることで規制をしてきました。

実は、国はこの基準を、76年以降30年以上もまったく変更していません。たとえば、小学生以上の子どもたちには、6人に1人の職員が配置されることになっています。子どもたち6人を1人の大人がケアしているというと、一見、少なく思えないかもしれませんが、職員の休日などを計算に入れると、多くの施設では、朝夕などの時間帯には、子ども10～13人を1人の職員がケアしているはずだとグッドマンは指摘しています。

これまでまったく違う人生を歩んできた、10～13人の子どもたちを1人でケアすることをみなさん想像してください。児童養護施設に入所するまで、親の経済的な問題から手をかけられず、また虐待などで情緒的にかなり傷ついてきた子どもたちばかりです。しかも、数日間のキャンピングではなく長期にわたる生活です。

私は、昼間は学校に行っている子どもたちと話をするために、たびたび夜間に児童養護施設を訪問させてもらっています。職員の方たちは、子どもたちの細かな要求にも応じようと、懸命に努力をしている様子が伝わってきます。しかし、10～13の要求に丁寧に応じるのは、不可能に近いことです。そうしたなかで、犠牲になってしまいがちなのは、集団のなかでも弱い存在の子どもたちでしょう。

しかも、多くの児童養護施設では、こうした現状のケアの状況を、ひとりひとりの職員のボランティア的な長時間労働でカバーすることによって、ようやく維持できているのです。グッドマンも言うとおり、こうした労働環境が、「燃え尽き問題」を起こし、職員が継続して仕事を続けることを難しくしているのです。そのことが子どもたちの成長に大きなマイナスの影響を与えていることは、説明を要しないことでしょう。ちなみに、アメリカなどの先進国では、こうした職員配置はもう一対一が当たり前です。

別離のトラウマ

児童養護施設の物理的な環境（職員数も含めて）の他に、みなさんと共有しておきたいことがもう一点あります。それは、子どもが親と離れて暮らすことによって生じる心の傷です。

子どもは親と別れるとき、大声で泣いたりするかもしれませんが、すぐに気分を変えることができるから、児童養護施設などに子どもが入所しても、たいした影響はないのではないかと私たちは思い込みがちです。たしかに、保育所や幼稚園の入園時や病気で入院する時のことを思い起こすと、子どもたちは心理的に大きな傷を残さずにすむように思えます。

しかし、さまざまな理由で施設や病院で暮らさざるをえなくなった、アメリカの子どもたちのことを研究したボウルビィは、違う結論を導き出しています。ボウルドィの観察によれば、親からの別離を経験した子どもたちの多くは、最初は大泣きしても、一定期間を過ぎると、かなり情緒的に落ち着くようになる傾向を見せます。だが、それは子どもたちが親たちをけっして忘れているからではなく、彼らは親たちへの執着はしっかり維持しているのであり、情緒的に一見安定しているように思えるのも、子どもたちの絶望的な擬態とも言うべき反応だと言うのです。

それは、大人の抑うつにも似た反応であるのかもしれません。とくに、乳幼児は、なぜ親と自分が離ればなれに生活しなければならないか、などを理解することはできません。時に、子どもにとってそれは親の死と同様の意味さえ持つのです。

実際、ボウルビィはこうした施設で生活している子どもたちが、他者との愛着などの問題を持ちやすく、安定した人間関係を築きにくくなってしまうことを警告し、そのことがアメリカでの施設解体の動きをさらに促進しました。

また、私たち大人にとっては、数週間の別離はたいしたことではないかもしれませんが、子どもにとっての時間と私たち大人にとっての時間の進み具合は異なるのです。これは、児童心理分析学者のアンナ・フロイトたちが主張したことですが、幼児たちは、情緒的なニードが充足されるかどうかで、時間を計っているのであって、大人のような客観的な時間の感覚はないのです。私たちにとっては数日でしかない離ればなれの生活が、彼らにとっては数年に思えてしまうこともありえるのです（『子の福祉を超えて──精神分析と良識による監護紛争の解決』）。

こうして、私たち児童福祉司にとっては、親子が別離することにともなう心理的なトラウマをどのようにして最小限に防ぐことができるかが日々、問われていることなのです。そして、それはアメリカのように施設がない状況でも同様であり、里親宅に子どもを保護した時の、子どもの別離と喪失体験の研究を積み重ねてきたファールバーグは、別離によるトラウマを私たちが意識することの大切さを説いています。

誤解を避けるために、あえてここで触れておきたいのですが、私は深刻な児童虐待などの理由で子どもたちが強制的に保護されることは、ぜひとも必要な行政的な措置だと思っています。実際、私自身、強制的な一時保護や裁判所に施設入所の申請を何度か行ったことがあります。

ただ、次に触れるように、日本の場合はアメリカと異なり、家庭の経済的な理由だけで、児童養護施設に入所しなければならない子どもたちがまだまだ当たり前のように存在しています。そのことを、私はいつも疑問に思い、どうしたらそれを解決できるだろうかと考えてきました。

児童養護施設のいま

児童虐待が社会的に認知されるにつれて、被害を受けた子どもたちが児童養護施設で暮らすケースが増えていることは周知のところでしょう。

次ページの**表6―1**は、03年に厚生労働省が調べたものですが、子どもたちがどのような理由で入所してきたかを示しています。一般に児童虐待としてカテゴリー化できる「虐待・酷使」「放任・怠だ」「棄児」「養育拒否」を合計すると８００を超え、４分の１以上の子どもたちが児童虐待を主な理由として入所していることがわかります。

しかし、それ以外の理由を少し見ていただくと、離婚、親の入院・行方不明などで、父または母が家庭から欠けるために子どもを育てられないというケースが、まだまだ日本では多いこともよくわかります。家庭に残った方の父または母が働かないと、経済的に暮らしてい

表6-1　児童養護施設入所児の入所理由

入所児童総数	30,416
親の死亡	912
虐待・酷使	3,389
放任・怠だ	3,546
棄児	236
養育拒否	1,169
離婚	1,983
父母の不和	262
親の行方不明	3,333
親の拘禁	1,451
親の入院	2,128
親の就労	3,537
親の精神疾患等	2,479
破産等の経済的理由	2,452
児童の問題	1,139
その他・不詳	2,400

出所）厚生労働省「児童養護施設入所児童等調査結果の概要（平成15年2月1日現在）」より作成

けないからだというのが根源的な原因でしょう。

こうした貧困問題を抱えた親たちから、私は何度も同じような言葉を聞いてきました。「食うためには、働かないといけない」。彼らの仕事は、朝早くから夜遅くまで長時間におよぶことが多く、結局、保育所や学童保育などを利用しても、子どもを養育することができません。

また、破産などによる経済的理由を主として入所するケースも多いです。厚生労働省の調査でも、破産などによる経済的な理由によって入所している児童は、90年代以降かなり増えてきているのです。

さらに、児童虐待の場合も、とくに保護が必要なケースほど、低所得などの貧困の問題と関連性が強いことを3章で示しました。こうしたことで、児童虐待の問題が顕在化してきたとは言え、児童養護施設に入所している子どもたちは、まだまだ日本では社会経済的には低い状態に置かれた家族がほとんどであると言えます。

アメリカ人に理想像と映る日本の生活保護制度

生活保護の話に戻りましょう。

子どもが親と離れて生活せざるをえない場合の生活の場については、アメリカの現状は日本人の私たちから見ると理想的な姿に思えます。

ところが、生活保護については、アメリカはかなり問題を抱えた国だと言えるでしょう。アメリカの生活保護制度の中心は、貧困家族一時扶助（ＴＡＮＦ）と呼ばれるもので、子どもを抱える貧困なひとり親家庭などに支給されます。名前からも推察できるように、５年間という限定的な支給のみです。

額は、州によりやや異なりますが、３人家族でだいたい４５０ドル（日本円にして５万円程度）、少ない州では２００ドル以下というところもあります。実は、アメリカの福祉制度には、日本のような最低生活費という概念そのものがありません。結局、ＴＡＮＦを支給されている家族の多くは、賃金や政府からの他の支給金と合わせても、貧困ライン以上の所得は手に入れることができません。

アメリカの何人かのソーシャルワーカーの方たちに日本の生活保護制度の話をしたら、とてもうらやましがられます。「日本には、すばらしい制度があるんだね」と言われたこともあります。もちろん、私は現状ではなかなか生活保護の制度を活用することは難しく、子どもを抱える貧しい家庭の多くが、貧困状況に置かれたままになっていることを付け足すのですが、「でも、そうした制度をうまく利用すればいいし、多くの人のコンセンサスを得られるでしょう」とソーシャルワーカーの方たちから励まされました。

本当にそのとおりだと思います。

賃金と児童扶養手当、児童手当などだけでは、なかなか困窮状況から抜け出すことができない貧困な家庭でも、日本では生活保護制度が最低生活費を保障しているため、貧困家庭は困窮状況から抜け出すことが制度上は可能です。

日本には、子どもたちの貧困を防ぎ、その発達への影響を防ぐためのすばらしい制度があるのに、残念ながら運用上の問題があって、子どもたちの貧困を防ぐことができていないだけなのかもしれません。

「水際作戦」の本当の被害者は誰なのか？

こうした厳しい運用方法が全国に導入されたのは、80年代からとされています。80年代は、経済成長の陰で、実は行政改革という名のもとの福祉削減が積極的に行われた時代です。70年代に比べ、80年代の社会保障費は伸び悩み、「日本型福祉社会」論が跋扈《ばっこ》し、ヨーロッパ型の公的な福祉システムの充実は否定され、家庭と地域の福祉的な役割が強調されてきました。児童養護施設の職員を増やさなくなったのも80年代でした。生活保護についての厳しい運用方法の導入には、こうした時代的な背景があったことを見逃してはいけません。

81年に出された厚生省（当時）のある通知（通知の発行番号から123号通知と呼ばれる）以降、目に見えて生活保護を利用する方たちの人数は減っています。この123号通知によって、全国の福祉事務所は、審査を厳しくすることを厚生省から指導を受け、それ以降の利用者の減少につながっています。

先ほども述べたとおり、たしかに審査を厳しくすることで、一部の不正な受給を減らすことに行政的な意味はあるかもしれません。(注) しかし、それによって、本当に必要な人が利用できなくなる可能性が高まってしまうというマイナスの副作用が、そこでは生じやすくなります。

さらに、私が問題だと思うのは、審査を厳しくすることによって、必要とする人であってもできれば使用させたくないという行政の消極的な姿勢が生まれてしまうことです。そうした審査の厳格さと行政の消極的姿勢が、「水際作戦」を生み出した土台なのかもしれません。

一方で、大山氏も指摘するように、こうした厳格な運用方法が適用され、生活保護が利用しにくくなっているのはある特定の人々に偏っていたのかもしれません。つまり、「水際作戦」の本当の犠牲者は誰だったのかという問いです。

図6―1を見てください。実は、その被害者とは、この本のテーマである子どもたち、とくに生活保護の利用を考えなければならないほどの貧困な子どもたちだったのです。

この図からわかるのは、60歳以上の人たちの人数はあまり減少せず、0～19歳の子どもたちの数と、子どもたちの親年齢にあたる20～39歳の人々の人数が顕著に減少していることがわかります。大山氏は、団塊ジュニアの世代が子どもだった頃にも、こうした減少傾向は止まっていないことから、少子高齢化のみでこの減少を説明することはできないと指摘しています。

このことはまた、ひとり親世帯の大部分を占める母子世帯のうち、生活保護を利用してい

図6-1　生活保護における世代別利用者数の推移

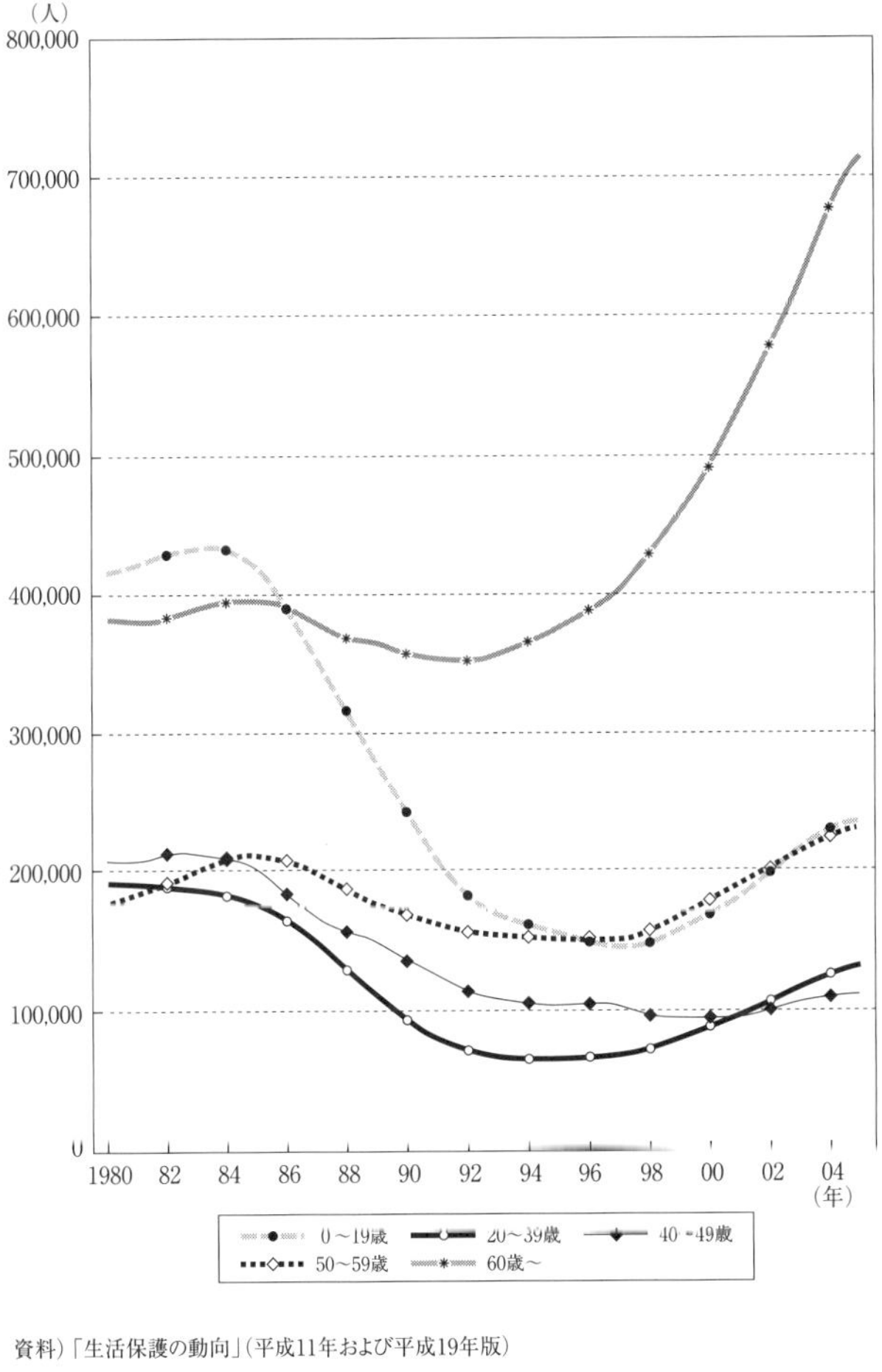

資料）「生活保護の動向」（平成11年および平成19年版）
出所）大山（2008）

る割合（生活保護率）の推移を振り返ることでも確認できます。85年の母子世帯の生活保護率は、22・5％（１０００世帯の母子世帯のうち２２５世帯）でしたが、05年には13・１％に下がっています（「平成19年版生活保護の動向」）。

しかし1章でも指摘したように、わが国の母子家庭の貧困率は、50％を超える凄まじいものです。さらに、80年代半ばから母子家庭を含む全体の子どもの貧困率は一貫して上昇し続けてきました（図１―２、33ページ）。にもかかわらず、こうした低い保護率に抑えられているのが、日本の生活保護制度の現状なのです。

また、大山氏や北九州市の元生活保護ソーシャルワーカー藤藪貴治氏も指摘するように、北九州市の「水際作戦」で、生活保護制度から最も排除されてきたのも、子どもたちがいる世帯、とくに母子世帯でした。

北九州市の生活保護受給世帯における母子世帯の割合は、82年には13・9％を占めていましたが、06年度には、わずか２％でしかありません。06年度の全国平均は、８・６％です。さらに、06年１月期に、北九州市の生活保護受給世帯における母子世帯の割合は、わずか１・８％でしたが、札幌市は15％、横浜市でも８・７％、福岡市でも８・４％と、他の政令都市と比べても突出して少ないと言えます（「北九州市生活保護行政検証委員会　第一回配布資料Ｂ」)。

生活保護の制度改革に子どもたちの貧困の視点を

この章の冒頭でお話ししたように、児童養護施設の問題と併せて、生活保護も制度全体の見直しが必要な時期にさているようです。

実際、ここ2年ほどのうちに、生活保護に関する書籍は数多く発行されてきています。また、生活保護に関する新聞記事も散見されるようになってきました。数年前に比べると大きな変化です。それらの本や記事から見える議論は、一方で北九州市の事件を代表とするような、現状の生活保護制度が貧困な人々を十分に支援できていないことに対する批判から、生活保護制度の持つマイリス面に関するものまで幅広いのですが、こうした多様さは意味のあることであり歓迎されるべきものでしょう。

しかし、管見するところ、私がこれまで議論してきたような子どもたちの貧困やその発達への影響から、生活保護の問題を語る方は、ほとんどいないように思えます。私から見ると、ここにも私たちや研究者たちの「目」や「声」のあり方が如実に現れているようにしか思えません。すなわち、子どもたちの貧困問題を社会的に無視してきた「目」や「声」です。

生活保護制度の見直しを、子どもの貧困問題やその発達への影響という視点から考えていけば、この制度がいったい誰を一番の犠牲者としてきたかという点も私たちは見失うことはなかったかもしれません。もしかしたら、子どもを抱える低所得家庭に対して、もっと積極的に生活保護制度を活用できるような政策を展開することができたかもしれません。

さらに言えば、次の章で見るように、生活保護によって守られるべき子どもたちを犠牲にすることで、私たちはかなりの社会的な損失をしてきたのかもしれないのです。

児童養護施設 vs.生活保護制度

すでに察しがついている方もいるかもしれませんが、生活保護制度の積極的活用は、実は児童養護施設の問題にポジティブな効果をもたらすことが期待できます。

先に見たように、日本ではまだまだ経済的な理由や父母が労働に従事するために、児童養護施設を利用しなければならない子どもたちが多数存在しています。生活保護制度を少し積極的にこうしたケースに適用することができれば、児童養護施設に入所しなければならない子どもたちの数を減らすことは可能であると考えられます。

現在、都会を中心として児童養護施設は、どこも満床状況が続いています。これは、児童虐待の被害を受け、児童養護施設などで暮らすことを余儀なくされている児童が増えているためです。全国的にも、この傾向は拡がっており、将来的にもその需要に現在の児童養護施設のベッド数では追いついていかないことは簡単に予想できます。

もちろん、児童養護施設のベッド数を増やすことはできますが、これまで見てきたように、現状の施設を大規模にすることには問題があります。そうすると、新たに児童養護施設を作っていく必要があります（実際、多くの自治体はそうした取り組みを行っています）。しかし、施設を1ヵ所作るための費用は、少なく見積もっても10億円以上とも言われるほどなのです。

コストの観点からすると、生活保護制度に比べての児童養護施設の非効率さはもっとはっきりしています。大都市部の児童養護施設では、子ども1人あたり最低でも月に20万円以上の予算がかかってしまいますが、生活保護制度であれば、母子ふたり家庭の場合、子ども1人あたりでは高く見ても月に9万円ほどですみます。しかも、1章で見たように、日本の場合、貧困家庭の親たちの就労率は世界的にも最も高い状況にあり、この就労率を維持できれば、生活保護で支給せざるをえない額は、親たちの賃金によってかなり減らすことができます。

しかも、児童養護施設の費用は、現在の職員配置で考えた場合です。今後、グループホームなどが増えていくと、当然、職員の数を増やさないと運営できません。そうなると、費用はもっと増えていくことになります。

もちろん、言わずもがなのことですが、金銭的な援助のみを行えばこうした家族の問題がすべて解決するわけではないでしょう。前章の最後で触れたように、貧困な人たちが抱える問題は重層的に重なっている以上、金銭的な援助に加え、保育の問題、ヘルパー制度、仕事のサポート、さらには無料のカウンセリングなども必要になってきます。制度の充実だけでなく、ソーシャルワークのあり方も問われているのです。貧困の問題を解決するには、さまざまな視点からの、より包括的な援助方法が必要なのです。

この章では、生活保護制度と児童養護施設の問題のみを取り上げました。冒頭で述べたように、貧困な子どもたちをめぐる社会制度はこのふたつだけではありません。しかし、このふたつの制度を子どもたちの貧困という視点から少し振り返るだけでも、私たちの日頃の視点のもの足りなさに気づくことができたように感じます。

(注) しかし、不正受給がどれほどの割合であるかに注意が必要だと思います。副田義也氏は、83年の不

正受給は全国で789件、全体の生活保護世帯の0・1%でしか発生していないことを述べています。

7章　各国の貧困対策に学ぶ

最後のこの章では、もう一度日本以外の国の状況などに触れながら、子どもたちの貧困を防いでいくことのマクロ的な意味合いを問い直してみたいと思います。

これまで見てきたように、日本では、子どもの貧困問題はまったく政治的にも社会的にも取り上げられることがない現況にあります。

ところが、1章でも触れたように、EUやイギリスなどでは日本とは少し違う政府の動きもあるようです。実際、どのような感じなのでしょうか。

60%の貧困ライン・EU

まず、EU各国は02年のEUサミットにおいて、2010年までに子どもを含めた社会全体の貧困や社会的排除を、数字に残せる形で減らしていくことに合意しています。

ここで言う、社会的排除とは、貧困に関するより広い概念で、経済的な状況だけでなく、たとえば高等教育を受ける機会や権利が剝奪《はくだつ》されたり、貧困が地域間で偏在していることなど、社会制度や社会資源から個人や家族が遠ざけられ排除されていることを指します。

お気づきの方も多いと思いますが、この本のなかではどちらかと言えば、所得を中心に貧困問題を考えてきました。しかし、家族生活の困窮状況を所得のみでどこまで測れるかという疑問は必ずつきまといます。

実際、EUでは経済的な指標だけでなく、さまざまな社会的な排除を数字として表すための共通した指標を作り、互いの国の状況を比較検討しようとしています。また、EUでは、貧困ラインそのものも所得の中央値の50%ではなく、60%にするべきだという合意が各国間で取れています。つまり、経済的な貧困をより広く取り、より平等な社会をめざそうとしているのです。

EU各国も、またこうした動きに沿う形で、子どもの貧困問題に積極的に取り組み始めています。

アイルランドでは、97年に「全国貧困撲滅戦略」を導入し、失業者がいる家族の割合を下げることに成功しています。また、政府は長期にわたって貧困状況にある子どもたちの割合を、2％以下にすることを目標に立てています。

ドイツでは、専門的な職業資格を持たない若者の数を半分に減らそうという目標を立てているようです。

オーストリアでは、02年に子育てに関わる費用を補填する家族給付を改善し、とくに幼い子どもがいる家庭の貧困率を下げています。

フランスでは、大統領に指名されたメンバーを含む委員で構成された政府の委員会によって、子どもたちの貧困に関する重要な研究が最近なされています。

首相による子どもの貧困根絶宣言——イギリス

イギリスも、90年代の後半、ブレアが首相に就いてから、子どもの貧困問題を政府として積極的に取り組んできました。2020年までに貧困な子どもたちを根絶するという数値目標を掲げ、さまざまな施策を導入しています。ユニセフレポートでも、“so far, so good”（いまのところは順調）と評価をされています。

その具体的な取り組みや成果は、この章の後半で再度少し取り上げるとして、ここではブレアが、これらの政策を打ち出すにあたって、ある講演会で行った「子どもの貧困根絶宣言」（筆者の命名）を少し見てみます。

その冒頭で、ブレアはこう語ります。

「私は、歴史的な目標を掲げようと思う。私たちは、子どもの貧困を永遠に根絶する最初の世代になる。それには1世代の長さがかかるだろう。つまり、20年もの期間を要する目標だ。しかし、それは可能だと私は信じている」

さらにブレアは、

「荒廃した家に生まれた子どもでも、緑多い郊外に住んでいる子どもと同じように、行き届いた教育を受け、健康でいられるチャンスを持つべきだ」

として、子どもの貧困を防ぐために、政府がどの子どもたちにも平等の機会を与えるべきだとします。また、彼がめざす新しい福祉社会の1番目の特徴として、

「最初に、我々は、社会的な排除と子どもの貧困とコミュニティの衰退に、有効な方法で挑戦しなければならない。また、それらの根源的な原因である構造的な失業、不十分な教育制度や住宅政策、犯罪や麻薬の文化に挑戦しなければならない。社会的な排除によって無駄に使われている子どもたちの豊かな才能は、子どもたち自身の無駄ではなく、

国家の無駄なのだ。そうした無駄に使われている子どもたちの才能を、社会のなかに解放し国家のために使おう」

講演のしめくくりの部分で、ブレアは言います。

「私たちは、貧困な子どもたちが社会的な剝奪や排除にさらされ続けるという、社会的不平等の連鎖を打ち破らなければならない。ゆえに、子どもたちに社会的に投資することが重要なのだ」

貧困な子どもたちへの社会的投資

各国の政策はさまざまなようですが、ここではそれらの政策の根っこにある、ブレアも言う、貧困な子どもたちへの社会的投資という概念に少し触れてみたいと思います。

ここで問いたいのは、なぜ、社会的な投資をすることによって、子どもたちの不平等を減らしていくことが、その子どもたちや家族だけでなく、社会全体の損失（コスト）を減らし、社会全体の富や豊かさを増すことにさえつながるのかという原理的なことです。

そのことをまず理論的に少し考えてみます。

4章で、子どもたちの発達と所得の関係を表す相関曲線が多くの場合、直線的にならないことに触れました。つまり、相関曲線の傾斜は豊かな人々の場合は小さく、貧困な人の場合は大きくなることを示しました。これは、アメリカにおいては親の学歴など他の要因をコントロールしても（考慮に入れても）見られ、日本でも他の要因はまだコントロールしない（考慮に入れない）段階ですが、ＰＩＳＡなどのテスト結果に見られることに触れました。

図7―1が、所得と子どもの学力（なんでもかまわないのですが、例として学力を上げましょう）の相関関係を表す理論的な概念図です。横軸（x軸）は家庭の所得を表し、縦軸（y軸）は子どもたちの成績を表します。

仮定的に、この社会では平均所得以下の低所得の家庭と平均以上の豊かな家庭の子どもたちの数は一緒だとします。現状の所得分配では、低所得の子どもたちの家庭の平均所得は x_1 であり、豊かな家庭の場合は x_4 です。子どもたちのいる全家庭の平均所得は x になります。現状では、この社会では子どもたち全体の平均学力は、Aの点、つまりは y_1 になるはずです。

さて、この社会で所得の再分配が行われ、豊かな家庭から x_4-x_3 の分を取って、低所得の家庭になんらかな形で所得の社会的な移転が行われたとしましょう。低所得の家庭の平均所得は、x_1 から x_2 に上昇します。

図7-1　家族の所得と子どもの学力の理論的な関係性

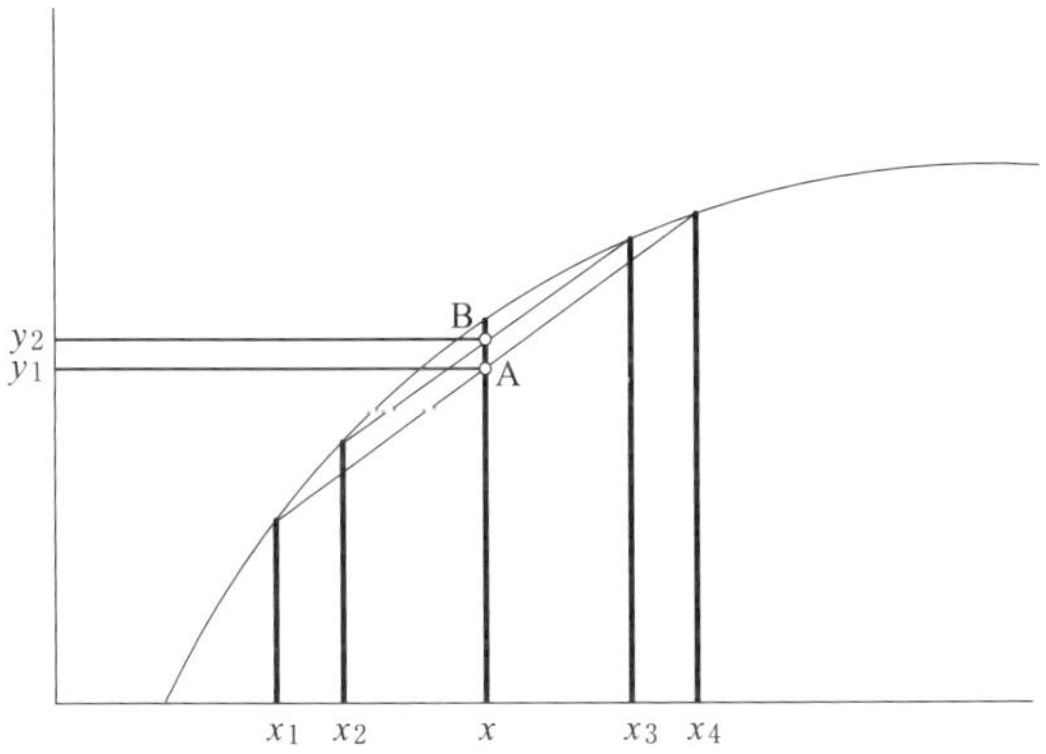

出所）Berkman and Kawachi（2000）Figure 4-1をもとに作成

所得移転後も、全家庭の平均所得はxのままで不変なのですが、他の要因が同じ条件であれば、子どもたち全体の平均学力は、Bの点、つまりはy_2に向上するのです。

こうして、全家庭の平均所得を変化させることなく、また豊かな家庭の子どもたちの学力にそれほど大きな影響を与えることなく、子どもたち全体の学力を向上させることが、理論的には可能なのです。

相対的所得仮説

これは、5章で少し触れた社会疫学における、平均寿命と所得の関係についての理論の応用です。社会疫学の代表的な研究者であるイチロー・カワチらは、「相対的所得仮説」

に基づいて社会全体の平均寿命と所得との関係を研究し、所得再分配などの社会的介入の意義を問うています。

「相対的所得仮説」は、国際比較研究のなかから生まれたとされています。各国の平均寿命と経済的な豊かさの関係を調べると、たしかに発展途上国では経済的に豊かになると、平均寿命は延びるのですが、先進国ではそうはなりません。とくに、世界一豊かな国・アメリカは先進国で最低ランクの平均寿命です。先進国間で、平均寿命の違いを規定するのは、実はジニ係数などによって測られる相対的な所得格差なのです。

つまり、先進国においては、絶対的な所得水準だけでなく相対的な所得格差も、人々の健康に強く影響を与えているとされ、さまざまな実証的な研究がこの仮説に基づいて社会疫学では進んでいます。

また、お気づきの方もあるように、「相対的所得仮説」では、豊かな人との間の所得格差によってもたらされる、貧困な人の心理的ストレスが、寿命と所得格差の関連性を結びつける重要なメカニズムであるとしています。こうした相対的な貧困状況における心理的なストレスということを拡げていくと、所得格差や地位格差が大きな社会や集団では、犯罪や殺人などの発生率が高いことや、人々の意欲に違いが生じるという理論的な帰着点に至ります。

これらの関連性は、また実際的にも検証されているのです。

所得格差や貧困を放置すれば、犯罪が増加し治安が悪化する。結局、高いコストを払わなければならなくなる。子どもたちや親たち、働く私たちの意欲の格差が拡がれば、ついには社会全体の生産性にも影響をしてきます。

低所得家庭における子どもたちの学習意欲の問題（意欲格差）や、児童虐待問題などに見られる低所得家庭での子育ての精神的なしんどさ（ストレス）にも、この理論は応用が可能かもしれません。

最後に、この「相対的所得仮説」は、現在の日本やアメリカ政府が推し進めている政策に対する強烈な批判になります。

つまり、相対的な所得格差に配慮しないで、全体の所得さえ上げれば、貧困な人たちにもさまざまな面（平均寿命・子どもの発達など）で改善がおよぶはずだとする政策は、発展途上国では通用するかもしれません。

しかし、先進国においては、こうした政策は、結局、所得格差の固定または拡大をもたらし、人々の心理的ストレスをかえって大きくすることで、社会全体の損失しか生み出さないことになります。

子どもたちの貧困の社会的なコスト

94年に、Children's Defense Fundでは、ノーベル経済学賞も受賞しているソローを代表として、子どもたちの貧困がアメリカ社会全体へおよぼすコストの計算を試みています。その結果は、レポートとしてまとめられていますが、以下のようなことがまず書かれています。

「子どもが貧困に苦しんでいるとき、当該の子どもだけが被害者なのではない。子どもが貧困を原因とした発達上のさまざまな課題を背負ってしまったら、社会はそのコストを代償しなければならなくなってしまう。企業は、良いスタッフを見つけることができなくなる。消費者は、商品にもっと高い料金を払わなければならなくなる。病院や保険会社は、本来なら予防できたはずの病気を治療しなければならなくなる。学校の先生は、補習や特別教育に時間を費やさなければならなくなる。一般市民は、街頭で危険な思いをするかもしれない。政府は、刑務所の職員をさらに多く雇わなければならなくなる。市長は、ホームレスの人たちにシェルターを提供しなければならなくなる。裁判官は、さらに多くの犯罪や家庭内暴力などの事件を審理しなければならなくなる。税金を払う人は、防げたはずの問題にさらにお金を払わなければならなくなる。消防職員と医療関係者は、貧困の問題がなければ発生しないはずの忌まわしい緊急事態に対応しなければなくなる。葬儀の担当者は、貧困の問題がなければ死なないはずの子どもたちを埋葬しなければならなくなる」

もちろん、これらすべてのコストを計算することは不可能です。他方、そうした影響のひとつである、子どもたちが貧困な家庭で成長した場合に、彼らの成人後の賃金がどれほど減額するか、ひいては労働の生産性や市場経済にどれほどの損失を与えるかを計算することは可能であるとして、全国規模の追跡調査のデータを用いることによって、ソローたちは計算を試みています。

結果として、子ども時代に1年間貧困状況にあると、生涯賃金は約1万2000ドル（約152万円：92年当時）減額すると予想するのです。そこで、国内すべての貧困な子どもたち約1400万人について合計すると、1年間の影響のみで1769億ドル（約22兆円）の減額になるとしています。一定の条件のもとでは、賃金の変化はほぼ生産性の変化と等価であるという経済学上の仮説に基づけば、この額は子どもたちの貧困がもたらす社会全体の生産性の減額になります。

もちろん、さまざまな他の要因を考慮に入れていかない限り、この計算が正確とは言えない可能性があることも、このレポートでは指摘されています。また、先に述べられたような、医療費のコスト、教育費のコスト、犯罪防止のコスト等々がまったく組み入れられていない条件での計算です。

他方で、ここでは子どもたちの貧困をなくすためのコストについても計算していて、国勢調査からすると、92年当時は、子ども1人あたり、平均2800ドルがあれば貧困ラインを超えることができたとして、合計約400億ドル（約5兆円）があれば、全米の子どもたちを1年間貧困から抜け出させることができると分析します。

つまり、ソローたちの計算によれば、貧困を終結させるためのコストより、貧困から影響を受けるコストの方が上回っていることになります。こうして、ソローたちは、子どもの貧困を放置することによって、多くのお金を無駄遣いしていると主張するのです。

もちろん、こうした計算はややラフさがあり、実際にはもっとさまざまな要因を計算に入れていかなければなりません。また、日本の場合にいくらぐらいになるか、現時点の私に計算する能力もありませんが、子どもたちの貧困は私たちが思っているより高いコストを、日本社会全体に与えているのかもしれませんし、私たちが思っているより少ない費用で子どもたちの貧困をなくすことができるかもしれないのです。少なくとも、この研究からは、そう推論できるのではないでしょうか。

収入維持実験

しかし、いま述べてきたことは理論的な次元の話です。実際の政策や介入方法が、本当に効果を上げることができているでしょうか。現実世界では、さまざまな障壁が存在するかもしれません。

とくに、疑い深い方はこんな疑問を持つかもしれません。貧困な子どもたちに投資すると言っても、多くの場合、親たちを経由してのものでしょう。いろいろな施策を行って、親たちの所得を増やしたからと言って、貧困な親たちはそれを子どもたちのために費やすかどうかわからないのではないか？　貧困な親たちは、自分たちの楽しみだけにそれを費やすのではないか？

こうした疑問は、２章での議論（とくに貧困の文化の議論）につながるのかもしれません。つまり、もし子どもたちや家族の貧困が、貧困な人たちの文化的な問題であるとするなら、所得が増えても、文化的なものを改善しない以上、生活全般や子どもの状況は改善につなげられないのではないか？　人的資本論や自己責任論の観点からも、所得の上昇を投資に回すかどうかは、その人次第ではないか？

この疑問に答えるための材料を提供するのが、アメリカで60年代から70年代にかけてと、90年代後半に行われた一群の収入維持実験と呼ばれるものかもしれません。

収入維持実験は、無作為に選んだ実験グループの家族には、通常の社会サービスに加え、いくつかのサービスを付加して収入を増加させる試みを行い、そうでない人たち（コントロールグループ）には、通常の社会サービスのみを与えるという日本人の私から見るとかなり大胆な実験です。

60年代から70年代にかけての研究群をとりまとめた、カンサス大学のサルキンド（Salkind）たちやUCLAのカーリー（Currie）らによれば、家族への影響としては以下のようなものが見られたとしています。

①とくに貧困状況がひどい家庭やひとり親の子どもたち（小学2年生から中学2年生ぐらい）は、学校の出席率、学校での成績、習熟度テストで、コントロールグループより目立った改善を示している。実験に参加する年数が伸びれば伸びるほどテストのスコアは上昇していた。また、小学生や中学生に比べ、高校生などの成績等への効果は、目立ったもの

ではないが、高校の中退率は大きく減り教育年数も増えていた。
②家族の支出のなかで、目立って増加するのは、居住する家に対する支出の増加である。コントロールグループに比べ、家を購入している家族や、賃料が高い（つまりは、より質の良い）借家に転居する家族が多かった。また、公営住宅から出る家族も多かった。
③子どもたちの栄養摂取についても差が見られるとしている。つまり、実験グループでは、カルシウム、リン、鉄分の摂取が顕著に増えていたという。
④耐久消費財や車を購入すること、また貯金も全般的に増えていた。
しかし、一方で、カーリーは60年代から70年代の収入維持実験では、仕事に対するインセンティブを維持する工夫に欠けていたために、とくに働いていないひとり親が仕事量を増やすことに成功していなかった点を指摘しています。

90年代に行われたいくつかの研究は、この時期に論点となっていた社会福祉改革と関連したものでしたが、なかでもウィスコンシン州ミルウォーキーの貧困地域で行われた、ニューホープと呼ばれるプログラムは、米国内で注目を浴びているものです。

ニューホープは、雇用に重点を置いた3年間限定のプログラムですが、仕事探しの援助や、健康保険と子どもの保育（学童保育も含む）のための補助金、家族の所得を貧困ラインまで上げるための付加支給金などのサービスを含んだもので、一般的な福祉サービス以上の質と量を備えたものでした（Huston 他）。

ニューホープでも、先の60年代から70年代の実験と同様に、子どもたちへのポジティブな影響が見られたのですが、驚くべきことに、子どもたちへの影響はプログラム終了後2年の追跡調査の時点でも続いていたのです。

また、参加した親たちの働く時間や賃金も増え、とくにそれまで仕事に従事していなかった親たちの働く機会は、かなり増加しています。それにあたっては、ニューホープのスタッフからさまざまな援助やアドバイスを得られたことが効果を発揮していたようで、社会的なサポートを感じている参加者が増えていたと分析されています。

ブレアの作戦は効果を発揮したのか？

アメリカの収入維持実験は、どちらかと言えば、メゾ（地域）レベルの成果を示すものでしょう。国家レベルの成果については、ブレアの「子どもの貧困根絶宣言」にもとづいたさまざまな施策がどう効果をもたらしてきたかが例としては適当かもしれません。

ブレア政権の家族政策は、ブレアの宣言が示すように、子どもの貧困問題解消を前面に押し出していることがひとつの特徴です。その基本戦略は、親たちを就労させ、その就労によって問題を解決しようとするものです。日本と違い、イギリスでは（とくに、ブレアが政権に就く以前は）、貧困な子どもたちは働いていない親たちのもとで生活している場合が多かったのです（アメリカと似ていますね）。そうしたことで、働くことのインセンティブを持たせた施策を種々取り入れ、親たちを労働市場に参加させることを第一義的に考えてきました。

子どもを持つ貧困な家族に対する現金給付や税控除による還付、また保育・学童保育サービスはかなり拡充されていくのですが、それらのほとんどは基本的に親の就労を促進するように設計されています。こうした流れのなかで、それまでの保守政権では存在さえしなかった最低賃金制度も導入され、その額もブレア政権の間にかなり改善しています。

実は、ブレア政権前のイギリスでは、子どもの貧困率は長年にわたって上昇し続けていました。１章の図１―２（33ページ）を振り返っていただくとわかるように、80年代中盤からの10年で約８％も子どもの貧困率を上昇させています。90年代の半ばまで18年もの長い間続いた、サッチャーをはじめとした保守政権の影響でしょう。また、イギリスは00年の時点でも、国際比較から見れば、非常に高い子どもの貧困率を有していました（１章図１―１、27

ページ)。

しかし、『ワシントン・ポスト』紙(06年4月3日付)によれば、00年からの5年間で、70万人の子ども(00年に貧困状況にあった子どものうち17%にあたる)が、貧困状況から抜け出すことができたとしています。

また、イギリス雇用年金省のレポートによれば、親たちの就労率は徐々に上昇し、97年の時点では、18・4%もの子どもが、就労している者が誰もいない家庭で生活していましたが、06年にはその率は15・3%に減少しています。また、教育の指標についても、97年と07年の間で、11歳の児童の算数と英語の成績(ある一定のレベルを達成できている子どもの割合)は、算数が62%から77%に、英語が63%から80%に上昇しています(所道彦氏)。

なんだかちょっとうますぎる話かもしれません。たしかに、ブレア政権の成果については、90年代のイギリスの好景気が追い風に働いていただけという冷ややかな意見もあります。今後の揺り戻しもあるでしょう。

しかし、多くの先進国の流れからも、そして理論的にも、子どもの貧困に対して社会的に投資することが、どうやら子どもたちだけでなく社会全体にもプラスの影響をもたらすことが少しずつ見えてきます。現実の実験においても、親たちは収入の増加を家族生活の向上に回すことができ、結果として子どもたちへの成果につながっています。

アメリカはなぜ貧困を減らせないのか？

次に、アメリカに目を転じてみましょう。私は、この本でアメリカの研究を多く用いてきましたが、そうした研究の蓄積にもかかわらず、アメリカは子どもたちの貧困をなくすことに四苦八苦しています。そのため、貴重な研究の成果がどのように具体的な施策につながっていくのかと疑問を持ってしまいます。

しかし、アメリカは、少なくとも日本と違い、子どもたちの貧困のことを社会的な問題として繰り返し取り上げてきた国だと思います。ブッシュは、政権としてこの問題についてほとんど放置をしてきましたが、多くの民間福祉団体は、それに抵抗を示し地域でさまざまな活動を拡げてきました。

アメリカの福祉を支えているのは、実はこれら民間福祉機関なのです。歴史的に見ても、アメリカの福祉は民間福祉事業者やボランティア活動によって支えられてきたと言ってよいでしょう。

この本の「はじめに」のデマルコの家族も、実は、ある民間福祉機関の援助によって無料の中古エアコンを手に入れることができました。もし彼が日本にいたら、彼は一時的に児童養護施設などで親御さんと離れて生活せざるをえなかったでしょう。

児童虐待問題を改善するためのさまざまなサービスも、多くは民間福祉機関が提供しています。カウンセリングは基本的に無料でしたし、里親やグループホームを利用する場合も保護者が費用を負担する必要はまったくありません（日本では、児童養護施設を利用する場合の料金の一部や、30分5000円ぐらいのカウンセリング料を保護者が負担しなければなりません）。

そして、アメリカの民間福祉機関を財政的に支えているのは、個人や企業による寄付行為です。私が訪問した民間福祉機関の多くも、歳入の半分ぐらいを寄付によって賄っていました。アメリカ全土では、こうした寄付行為の総額は日本円にして10兆円とも20兆円とも言われます。もちろんすべてが子どもたちの福祉や教育の領域に使われているわけではありませんが、子どもたちへ向けての寄付行為は大きなシェアを持っていると予想されます。アメリカ人は、基本的に子どもたちが大好きな国民です。

こうした巨額の寄付の存在にもかかわらず、なぜアメリカでは子どもたちの貧困は減らないのでしょうか？

もちろん、正答はないでしょう。しかし、アメリカの貧困地域でインターンとして働いていた私が実感したのは、アメリカという社会のあまりに巨大すぎる貧困や不平等という現実です。

アメリカ社会は「持てる人」だけがさらに豊かになる社会であり、「持てない人」はさらに貧困になっていく社会です。とくに、ブッシュやレーガン政権によってもたらされた、豊かな人への税金削減政策や、公的な福祉や医療サービスの極端な民間委託化が、そうした不平等を促進しました。『ニューヨーク・タイムズ』紙（05年6月5日付）の分析によれば、いまでは豊かな20％の人だけで、アメリカ中の所得の60％を得ています。貧困な20％の人は、たった2・5％しか分配を得ていません。

こうした巨大すぎる不平等の前では、寄付行為を含めた社会保障や社会福祉制度による所得再分配政策は無力にならざるをえないのだと思います。

そして日本……

最後に、いよいよ日本のことを考えてみましょう。

先の章で書いた80年代と比べて、90年代以降日本の社会保障費自体は伸び始めています。

しかし、その増加分の大半は老人福祉に関係するものです。

たしかに少子化対策に関する予算など、子どもたちや家庭に関する社会支出も徐々に増加していますが、その割合や規模は非常に小さく、ヨーロッパの国々に追いつくことはまだまだできません。

1章の図1―5（49ページ）では、公的な家族福祉の支出の割合は、アメリカの方が下でしたが、もし、前述のアメリカの巨額な寄付額をそこに含めると、日本はアメリカ以下になってしまうかもしれません。

結局、前章の生活保護制度の歴史にも見えるように、公的な支出をほとんど行わず、家族だけに頼る政策を続けてきたことのツケが、子どもたちの貧困の増加をもたらした元凶ではないでしょうか。

もっと重要なことは、子どもたちの貧困という厳しい事実を隠し続け、まったく問題としない政府の態度です。政府は、子どもの貧困率の上昇はあたかも自分たちの責任ではないかのごとく振る舞い、貧困な子どもたちのことを社会的にネグレクトし苦しめ続けています。

これまで見てきたように、子どもたちは貧困状況に置かれ続けることによって身体的、知的、情緒的にハンディを負う可能性が高まります。とくに、乳幼児期に経済的な困窮状況にある家庭で過ごすことはその深刻さを増す可能性があります。乳幼児期に経済的なことを心配せずに子育てに専念できることの意義は、アメリカの研究などを俟たずとも私たちにも簡単に想像できることです。

逆に、貧困な子どもたちの発達の保障を考えるとき、家族の所得を増加させることがまず一義的に考えていかなければならない点でした。所得の増加は、家族のストレスを減らし、子どもの発達を促す遊具などの購入や、良い環境の住居で暮らす機会の増加を家族に与え、子どもたちの成長を促進することができます。

子どもたちの貧困の実態にまったく目を向けようとしないことで、結局、日本社会は大きな社会的損失を被り続けているのかもしれません。子どもたちは、貧困状況の連鎖のなかでもがき、その才能は生かされないままに、かえって発達上のさまざまな課題を背負ったまま次の世代へと、つまりは親になっていきます。

そこで生じる社会的な損失とは、この本全体で見てきたように、子ども個人個人の問題と見えているものが、結局、社会全体の生産性の減少へとつながり、貧困な状況に置かれた個人や家族のやる気を奪い、精神的な疾患などのさまざまな障害にさえつながる可能性を持つものです。結局、問題を放置し続けることで、逆に医療費や社会保障費などの社会的コストの増加につながってしまいます。

さらに、多くの論者が危惧するように、いまの日本が向かっているのは、「貧困大国」アメリカの二の舞いです。「持てる」ものと「持たざる」ものの格差が固定化し拡がっていくような社会では、犯罪や家庭内の暴力の増加がもたらされ、さらには戦争に対する社会全体の免疫力を失わせてしまうことは、アメリカの歴史や現状が、私たちに教える大きな教訓だと思います。

否、豊かな人の間にも、現在、社会的に拡大し固定化されつつある社会格差や貧困の問題が、なんとも知れない不安感をもたらしていないでしょうか？　少年犯罪に対する過敏とも言える反応や、実際には悪化していないにもかかわらず、語られ続ける治安悪化への不安は、貧困の足音が豊かな人々の暮らしのそばまで届き始めていることの裏返しかもしれません。何百万ものお金を、私立小学校受験に注ぎ込まざるをえないようなお受験熱も、またそうした不安感の反映かもしれません。

結局、いまの日本が向かおうとしているアメリカ的な競争社会では、今日の「勝ち組」にいる人でさえも、明日の「勝ち組」に居残るためには、意味のない心理的なストレスと無駄な経済的な負担を、個人的にも社会的にも負っていかなければなりません。止まらない過労死や、過度のストレスや経済的な理由による自殺の増加がその究極の姿です。

子どもたちの貧困の問題は、こうして考えていくと、「彼ら」の問題ではなく、「私たち」の問題であるとも言えるのではないでしょうか。しかし、私たちは子どもたちという将来の貴重な宝の損失を防ぐことができるのです。子どもたちの貧困という現実を直視し必要な対策を続けていけば。

ここまで、海外の例まで出して、子どもたちの貧困について書いてきましたが、社会福祉の実務家（ソーシャルワーカー）でしかない私には少し荷が重すぎたような気がします。そろそろ筆を擱《お》いた方がよさそうです。

最後に、実務で子どもへの虐待問題を取り扱っているものとして、みなさんに伝えたい言葉があります。私と同様に、アメリカの児童保護局のソーシャルワーカーとして日々児童虐待ケースに向き合っている粟津美穂氏の以下の言葉です。

「格差を改善せず、弱者を置き去りにすることから、いつの時代にも、虐待や暴力は始まる。人々が平等で、社会資源や支援の十分あるところで子どもが虐待されることは稀だ」

（『ディープ・ブルー——虐待を受けた子どもたちの成長と困難の記録』）

みなさんと、平等で暴力のない世界を作りたいと思います。

参考文献

阿部彩「子どもの貧困――国際比較の視点から」、国立社会保障・人口問題研究所編、『子育て世帯の社会保障』東京大学出版会、２００５年、１１９～１４２頁
荒井一博『学歴社会の法則――教育を経済学から見直す』光文社新書、２００７年
粟津美穂『ディープ・ブルー――虐待を受けた子どもたちの成長と困難の記録』太郎次郎エディタス、２００６年
岩川直樹、伊田広行編著『貧困と学力』明石書店、２００７年
岩田正美『現代の貧困――ワーキングプア／ホームレス／生活保護』ちくま新書、２００７年
ウィリアム・Ｊ・ウィルソン（青木秀男監訳）『アメリカのアンダークラス――本当に不利な立場に置かれた人々』明石書店、１９９９年
大山典宏『生活保護vsワーキングプア――若者に広がる貧困』ＰＨＰ新書、２００８年

岡本祥浩『居住福祉と生活資本の構築』ミネルヴァ書房、2007年
川崎二三彦『児童虐待――現場からの提言』岩波新書、2006年
イチロー・カワチ、ブルース・P・ケネディ（社会疫学研究会訳）『不平等が健康を損なう』日本評論社、2004年
ロジャー・グッドマン（津崎哲雄訳）『日本の児童養護――児童養護学への招待』明石書店、2006年
ジョセフ・ゴールドスティン、アンナ・フロイト、アルバート・J・ソルニット（中沢たえ子訳）『子の福祉を超えて――精神分析と良識による監護紛争の解決』岩崎学術出版社、1990年
近藤克則『健康格差社会――何が心と健康を蝕むのか』医学書院、2005年
ディヴィッド・K・シプラー（森岡孝二他訳）『ワーキング・プア――アメリカの下層社会』岩波書店、2007年
下泉秀夫「平成11年度栃木県児童虐待実態調査」『子どもの虐待とネグレクト』5（1）、2003年、130～140頁
須田木綿子『素顔のアメリカNPO――貧困と向き合った8年間』青木書店、2001年
副田義也『生活保護制度の社会史』東京大学出版会、1995年

高橋重宏他「児童相談所が対応する虐待家族の特性分析——被虐待児及び家族背景に関する考察」『平成15年度厚生労働科学研究費補助金（日本子ども家庭総合研究事業）分担研究報告書』2003年
橘木俊詔、浦川邦夫『日本の貧困研究』東京大学出版会、2006年
東京都福祉局『児童虐待の実態Ⅱ』、2005年
所道彦「ブレア政権の子育て支援策の展開と到達点」『海外社会保障研究』第160号、2007年、87〜96頁
早川和男『住宅貧乏物語』岩波新書、1979年
早川和男、岡本祥浩『居住福祉の論理』東京大学出版会、1993年
原田正文『子育ての変貌と次世代育成支援』名古屋大学出版会、2006年
尾藤廣喜、木下秀雄、中川健太朗編『誰も書かなかった生活保護法』法律文化社、1991年
福田誠治『競争やめたら学力世界一——フィンランド教育の成功』朝日新聞社、2006年
藤藪貴治、尾藤廣喜『生活保護「ヤミの北九州方式」を糾す』あけび書房、2007年
リーロイ・H・ペルトン（山野良一抄訳）「児童虐待やネグレクトにおける社会環境的要因の役割」上野加代子編著『児童虐待のポリティクス——「こころ」の問題から「社会」の問題へ』明石書

店、2006年、101～155頁
ジョン・ボウルビィ（黒田実郎訳）『乳幼児の精神衛生』岩崎学術出版社、1967年
ジョン・ボウルビィ（黒田実郎他訳）『母子関係の理論Ⅱ分離不安』岩崎学術出版社、1977年
益田早苗、浅田豊「虐待する親のリスク要因に関する実態調査：青森県の児童相談所における過去8年間の相談事例の分析から」『子どもの虐待とネグレクト』6（3）、2004年、372～382頁
松本伊智朗「児童養護問題と社会的養護の課題」庄司洋子他編『児童・家庭福祉（改訂版）』有斐閣、2002年、179～207頁
耳塚寛明a「学力格差は今や社会問題だ」『エコノミスト』2007年1月23日号
耳塚寛明b「小学校学力格差に挑む――だれが学力を獲得するのか」『教育社会学研究』第80集、2007年、23～38頁
道中隆「保護受給層の実態調査から見えてくる貧困の様相――保護受給世帯における貧困の固定化と世代間連鎖」『生活経済政策』2007年8月号、14～20頁
室住眞麻子『日本の貧困――家計とジェンダーからの考察』法律文化社、2006年
山野良一「児童虐待は『こころ』の問題か」（前掲、上野加代子編著に収録）

湯浅誠『貧困襲来』山吹書店、２００７年
オスカー・ルイス（行方昭夫、上島建吉訳）『ラ・ビーダ――プエルト・リコの一家族の物語』みすず叢書、１９７０年
Attar, B., Guerra, N., Tolan, P. (1994). "Neighborhood Disadvantage, Stressful Events, and Adjustment in Urban Elementary-School Children," *Journal of Clinical Child Psychology*, 23, 391-400.
Berkman, L., Kawachi, I. (Eds.) (2000). *Social Epidemiology*. Oxford University Press.
Blair, T.(1999). *Beveridge Lecture*.
Bourgois, P. (1995). *In Search of Respect: Selling crack in El Barrio*. Cambridge University Press.
Bradley, R., et al.(2001). "The Home Environments of Children in the United States Part 1: Variations by Age, Ethnicity, and Poverty Status," *Child Development*, 72(6), 1844-1867.
Brooks-Gunn, J., Duncan, G. (1997). "The Effects of Poverty on Children." *The Future of Children*, 7(2), 55-71.
Children's Defense Fund. (1994). *Wasting America's Future*. Beacon Press.
Conger, R., Donnellan, E. (2007). "An Interactionist Perspective on the Socioeconomic Context of

Human Development," *Annual Review of Psychology*, 58, 175-199.

Corcoran, M., Adams, T. (1997). "Race, Sex, and the Intergenerational Transmission of Poverty," (Duncan, G., Brooks-Gunn, J. に収録).

Currie, J. (1995). *Welfare and the Well-Being of Children.* Harwood Academic Publishers.

Dearing, E., McCartney, K., Taylor, B. (2001). "Change in Family Income-to-Needs Matters More for Children with Less," *Child Development*, 72(6), 1779-1793.

Duncan, G., Brooks-Gunn, (Eds.) (1997). *Consequences of Growing Up Poor.* Russel Sage Foundation.

Evans, G., English, K. (2002). "The Environment of Poverty: Multiple Stressor Exposure, Psychophysiological Stress, and Socioemotional Adjustment," *Child Development*, 73(4), 1238-1248.

Evans, G. (2004). "The Environment of Child Poverty," *American Psychologist*, 59(2), 77-92.

Fahlberg, V. (1991). *A Child's Journey through Placement.* Perspective Press.

Friends of the earth (2001). *Pollution and Poverty: Breaking the link.*

Garbarino, J., Kostelny, K. (1992)." Child Maltreatment as a Community Problem," *Child Abuse and Neglect*, 16, 455-464.

Garbarino, J., Sherman, D. (1980). "High-Risk Neighborhoods and High-Risk Families: The Human Ecology of Child Maltreatment," *Child Development*, 51, 188-198.

Gove, W., Hughes, M., Galle. O. (1979). "Overcrowding in the Home: An Empirical Investigation of its Possible Pathological Consequences," *American Sociological Review*, 44 59-80.

Hashima, P., Amato, P. (1994). "Poverty, Social Support, and Parental Behavior," *Child Development*, 65, 394-403.

Huston, A., et al. (2005). "Impacts on Children of a Policy to Promote Employment and Reduce Poverty for Low-Income Parents: New Hope After 5 Years," *Developmental Psychology*, 41(6), 902-918.

Kessler, R., Turner, J., House, J. (1987). "Intervening Processes in the Relationship between Unemployment and Health," *Psychological Medicine*, 17, 949-961.

Liem, R., Liem, J. (1978). "Social Class and Mental Illness Reconsidered: The Role cf Economic Stress and Social Support," *Journal of Health and Social Behavior*, 19, 139-156.

Lindsey, D. (2004). *The Welfare of Children*. Oxford University Press.

McLanahan, S., Sandefur, G. (1994). *Growing up with a Single Parent.* Harvard University Press.

McLoyd, V. (1990). "The Impact of Economic Hardship on Black Families and Children: Psychological Distress, Parenting, and Socioemotional Development," *Child Development*, 61, 311-346.

McLoyd, V., White, L. (1990). "Maternal Behavior, Social Support, and Economic Conditions as Predictors of Distress in Children," *New Direction for Child Development*, 46, 49-69.

Myers, J. (2006). *Child Protection in America: Past, Present, and Future.* Oxford University Press.

National Research Council Institute of Medicine. (2000). *From Neurons to Neighborhoods.* National Academy Press.

Payne, R. (1996). *Understanding and Working with Students and Adults from Poverty.*

Rank, M. (1994). *Living on the Edge.* Columbia University Press.

Rector, R. (2005). *Welfare Reform and the Healthy Marriage Initiative.* The Heritage Foundation.

Salkind, N., Haskins, R. (1982). "Negative Income Tax," *Journal of Family Issues*, 3(2),165-180.

Schiller, B. (2004). *The Economics of Poverty and Discrimination.* Pearson Education.

Starfield, B., et al. (1991). "Race, Family Income, and Low Birth Weight," *American Journal of*

Epidemiology, 134(10), 1167-1174.

Smith, J., Brooks-Gunn, J., Klebanov, P. (1997). "Consequences of Living in Poverty for Young Children's Cognitive and Verbal Ability and Early School Achievement," (Duncan, G., Brooks-Gunn, J. に収録).

The U.S. Advisory Board on Child Abuse and Neglect. (1990). *Child Abuse and Neglect: Critical First Steps in Response to a National Emergency.*

U.S. Department of Health and Human Services. (1996). *The Third National Incidence Study of Child Abuse and Neglect* (NIS-3).

Werner, E., et al. (1967). "Cumulative Effect of Perinatal Complications and Deprived Environment on Physical, Intellectual, and Social Development on Preschool Children," *Pediatrics*, 39(4). 490-505.

Yeung, J., Linver, M., Brooks-Gunn, J. (2002). "How Money Matters for Young Children's Development: Parental Investment and Family Processes," *Child Development*, 73(6), 1861-1879.

あとがき

　私が日本を離れていたこの2年半ほど（05年から07年）の間の、貧困問題や社会的な格差に対する世間の関心の急激な高まりは、驚きと隔世の感を私にもたらしています。ワーキング・プアや非正規労働、生活保護問題に関するニュースや新聞・雑誌の記事が毎日のように繰り返され、私はまるで浦島太郎のような状態です。

　しかし、他方で貧困な子どもたちや家族の生活状況や、私の職場である児童相談所の現実は、この数年でどうしても悪化の道を進んでいるとしか思えません。

　3年ぶりに復帰した児童相談所で出会う数人の子どもたちは、早朝から深夜まで低賃金で働く親御さんたちの帰宅を待ちわびながら、きょうだいだけで時にはひとりきりで夜間を過ごしたり、ローン会社の突然の訪問に怯《おび》えながら生活をしています。

家庭の経済事情を自ら推し量って、高校進学をあきらめてしまった子どもたちにも出会いました。

保険料の支払いが滞りがちで、いつ国民健康保険が切られてしまうのか不安でならないと話す母子家庭のお母さんは、幼児やしょうがいを持つ子どもを抱えています。

私の仕事量も、信じられないぐらいに増えました。3年前と同じ地域を担当しているのに、施設を利用しなければならない子どもたちの数は2倍になり、施設を利用せずに在宅で生活している担当児童数は3倍になりました。

こうした原因のひとつは、子どもたちや家族をめぐる社会資源がこの間にまったく増えていないことです。

児童虐待の問題を抱えていても、貧困地域の保育所は、つねに満床状況で簡単に入ることはできなくなりました。

前述の自ら高校進学をあきらめた子どもの母親も、また国民健康保険がいつ切られてしまうか不安でならないと話す母親も、生活保護の相談のために福祉事務所に何度も足を運びましたが、申請すらさせてもらえませんでした。

児童養護施設の職員数はほとんど増加せず、一時保護所はつねに定員を超え法律違反の状況が常態化しています。厚生労働省は、そうしたことに抜本的な改善策を示さず、マスコミも児童虐待を防ぐことができない児童相談所への批判を繰り返すばかりで、保護された後の子どもたちが生活する児童養護施設などの問題状況にはまったく目を向けようとはしません。

しかし、仄《ほの》かにですが、小さな明かりも見えてきます。08年には、『子どもの貧困』（明石書店）という本が発刊され、『週刊東洋経済』が子どもの貧困問題を特集として取り上げ、ともに売れ行きが好調なようです。また、反貧困ネットワークが主催した反貧困フェスタでも、子どもの貧困問題がはじめて取り上げられ、参加者の数は予想をはるかに上回るものでした。

こうして「子どもの貧困問題発見・元年」になることが期待される08年に、この本を世に出せることを光栄に思います。そして、08年が困窮状況に苦しんでいる子どもたちや家族の再生の足がかりの年になることを切に願っています。

この本の執筆にあたっては、多くの方にお世話になりました。光文社新書編集部の黒田剛史さんには、何度も原稿を読んでいただき、専門書的になりがちな内容をできる限り平易なものとなるように適切な助言をいただきました。黒田さんを紹介してくれたのは、フリーの編集者・安原宏美さんです。彼女のブログは、留学中で孤独になりがちな私の貴重な情報源であり、こころの安らぎの場所でした。また3年という長い休職期間を許してくれた職場の同僚たちの支えがなければ、この本は存在しなかったかもしれません。その他、お世話になったみなさんに、この場を借りて感謝の意を表したいと思います。

2008年盛夏

山野良一

山野良一（やまのりょういち）
1960年北九州市生まれ。北海道大学経済学部卒業後、神奈川県に入庁し、神奈川県内の児童相談所勤務（児童福祉司）。2005年から07年にかけて、米国ワシントン大学ソーシャルワーク学部修士課程に在籍し、児童保護局などでインターンとして働く。ソーシャルワーク修士（MSW）。現在、千葉明徳短大教授。あわせて「なくそう！子どもの貧困」全国ネットワーク設立に加わり、子どもの貧困根絶をめざし日々活動している。著書として、『児童虐待のポリティクス——「こころ」の問題から「社会」の問題へ』（共著、明石書店）、『子どもの貧困白書』（編集委員、明石書店）など。

子《こ》どもの最貧国《さいひんこく》・日本《にほん》　学力《がくりょく》・心身《しんしん》・社会《しゃかい》におよぶ諸影響《しょえいきょう》

2008年9月20日初版1刷発行
2015年2月20日　　9刷発行

著　者 —— 山野良一
発行者 —— 駒井　稔
装　幀 —— アラン・チャン
印刷所 —— 萩原印刷
製本所 —— 関川製本
発行所 —— 株式会社 光文社
東京都文京区音羽1-16-6（〒112-8011）
http://www.kobunsha.com/
電　話 —— 編集部03(5395)8289 書籍販売部03(5395)8116
業務部03(5395)8125
メール —— sinsyo@kobunsha.com

 ISBN 978-4-334-03470-2

217 名門高校人脈　鈴木隆祐

日本全国から歴史と伝統、高い進学実績を誇る名門約三〇〇校を厳選。校風、輩出した著名人約一七〇〇人を取り上げ、その高校の魅力と実力を探っていく。

222 わかったつもり　読解力がつかない本当の原因　西林克彦

文章を一読して「わかった」と思っていても、よく検討してみると、「わかったつもり」に過ぎないことが多い。「わからない」より重大なこの問題をどう克服するか、そのカギを説いていく。

233 不勉強が身にしみる　学力・思考力・社会力とは何か　長山靖生

学力低下が叫ばれる中、今本当に勉強が必要なのは、大人の方なのではないか——国語・倫理・歴史・自然科学など広い分野にわたって、「そもそもなぜ勉強するのか」を考え直す。

291 なぜ勉強させるのか？　教育再生を根本から考える　諏訪哲二

学ぶ姿勢のない生徒。わが子の成績だけにこだわる親——教育再生のポイントは、学力以前の諸問題を見据えることだ。「プロ教師の会」代表が、教職四十年で培った究極の勉強論。

318 最高学府はバカだらけ　全入時代の大学「崖っぷち」事情　石渡嶺司

日本の大学生はみんなバカで、大学はどこかアホっぽい——定員割れ続出の「全入時代」に生き残る大学はどこ？　大学業界の最新「裏」事情と各大学の生き残り戦略を紹介する。

322 高学歴ワーキングプア　「フリーター生産工場」としての大学院　水月昭道

いま大学院博士課程修了者が究極の就職難にあえいでいる。優れた頭脳やスキルをもつ彼らが、なぜフリーターにならざるを得ないのか？　その構造的な問題を当事者自ら解説。

330 学歴社会の法則　教育を経済学から見直す　荒井一博

「なぜ大卒の給料は高卒の1・5倍なのか？」「働く母と専業主婦のどちらが子どもの学歴を高めるか？」など、ユニークな調査と教育経済学の理論で、受験社会のしくみを読み解く。

光文社新書

322 **高学歴ワーキングプア**
「フリーター生産工場」としての大学院
水月昭道
いま大学院博士課程修了者が究極の就職難にあえいでいる。優れた頭脳やスキルをもつ彼らが、なぜフリーターにならざるを得ないのか？　その構造的な問題を当事者自ら解説。

328 **非属の才能**
山田玲司
群れない、属さない——「みんなと同じ」が求められるこの国で、「みんなと違う」自分らしい人生を送るためのコツを紹介する。行列に並ぶより、行列に並ばせてやろうじゃないか。

331 **合コンの社会学**
北村文　阿部真大
私達が求めるのは「理想の相手」か？　それとも「運命の物語」か？　誰もが知りながら、問うことのなかった「合コン」という〝社会制度〟を、新進気鋭の研究者が解き明かす！

340 **実は悲惨な公務員**
山本直治
グータラなくせにクビがない税金泥棒！——激しいバッシングを受けて、意気消沈する公務員たち。官から民に転職した著者が、「お気楽天国」の虚像と実像を徹底レポート。

354 **崖っぷち高齢独身者**
30代・40代の結婚活動入門
樋口康彦
人づきあいの苦手な人、〝運命の出会い〟を信じる人こそ結婚活動を始めて前向きに生きてみよう。お見合いパーティ（114回）と結婚相談所（68人）を知り尽くした著者が贈る金言集。

358 **「生きづらさ」について**
貧困、アイデンティティ、ナショナリズム
雨宮処凛　萱野稔人
多くの人が「生きづらさ」をかかえて生きている。これは現代に特有のものなのか？　不安定な労働や貧困、人間関係や心の病など、「生きづらさ」を生き抜くヒントを探っていく。

362 **「まだ結婚しないの？」に答える理論武装**
伊田広行
今日からは言い返す——結婚圧力にさらされている〝適齢期〟〝負け犬〟の女性たちに捧げる反撃の書。無言、苦笑い（愛想笑い）で受け答えてきた「昨日までの自分」にさようなら。